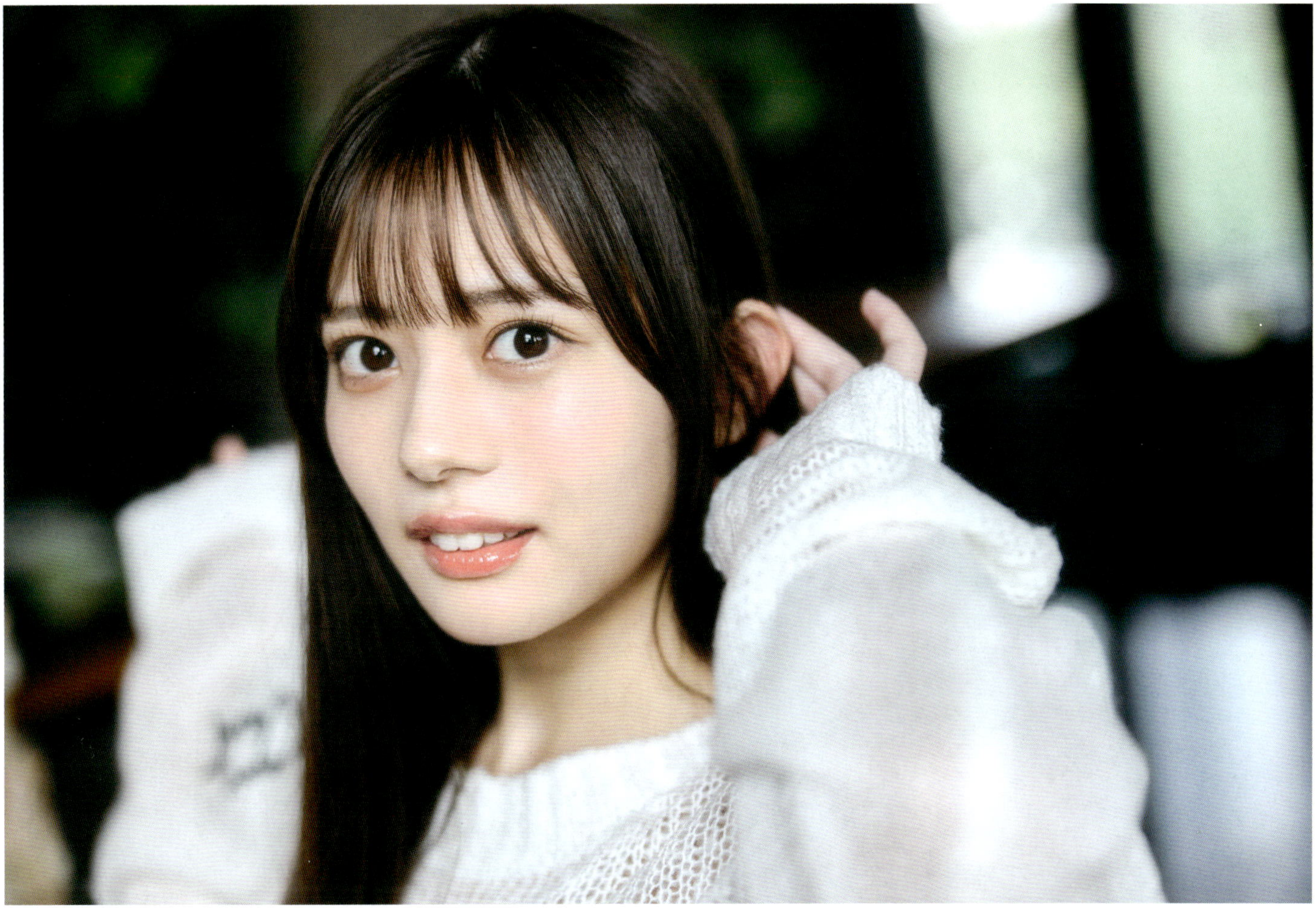

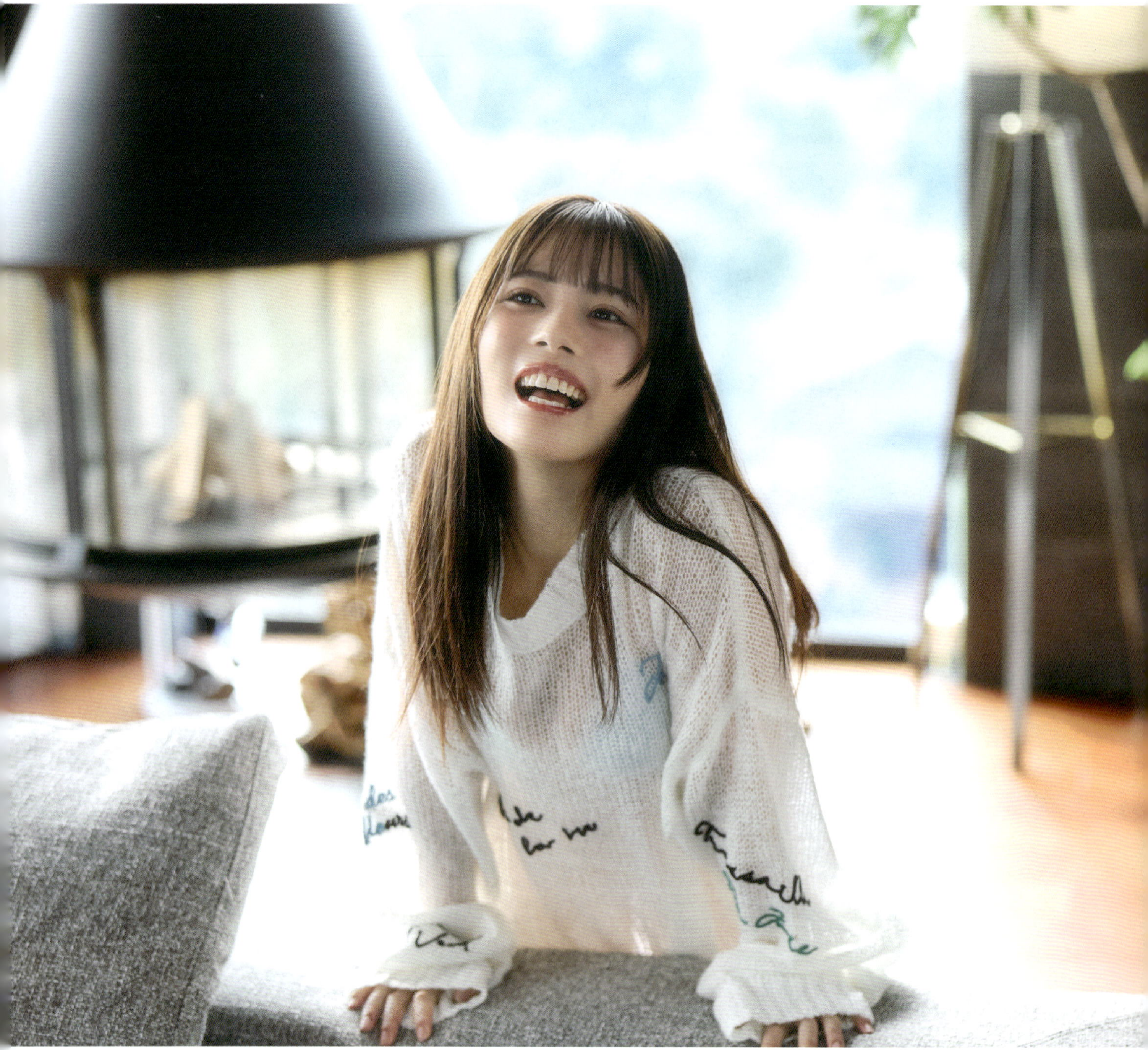

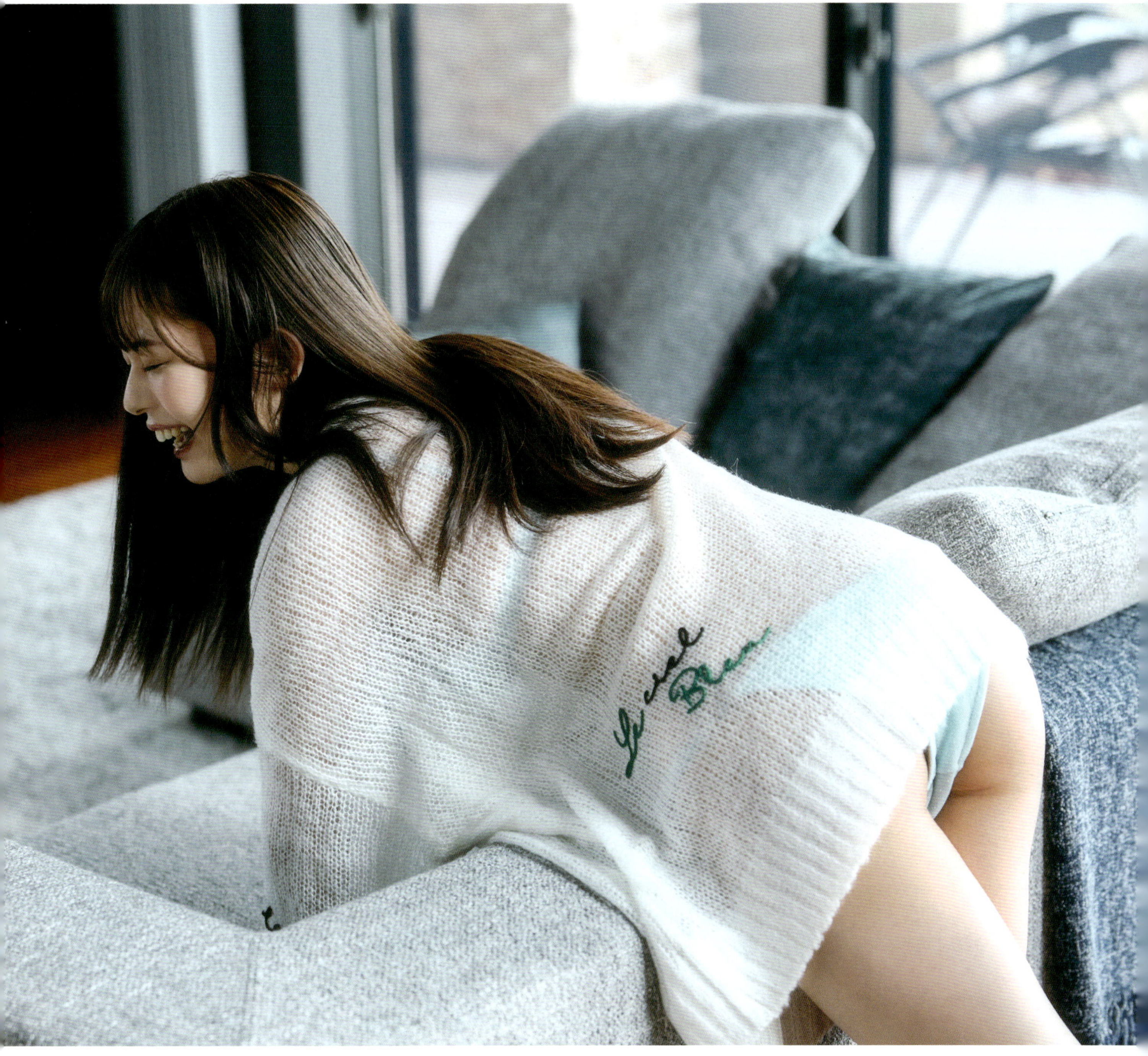

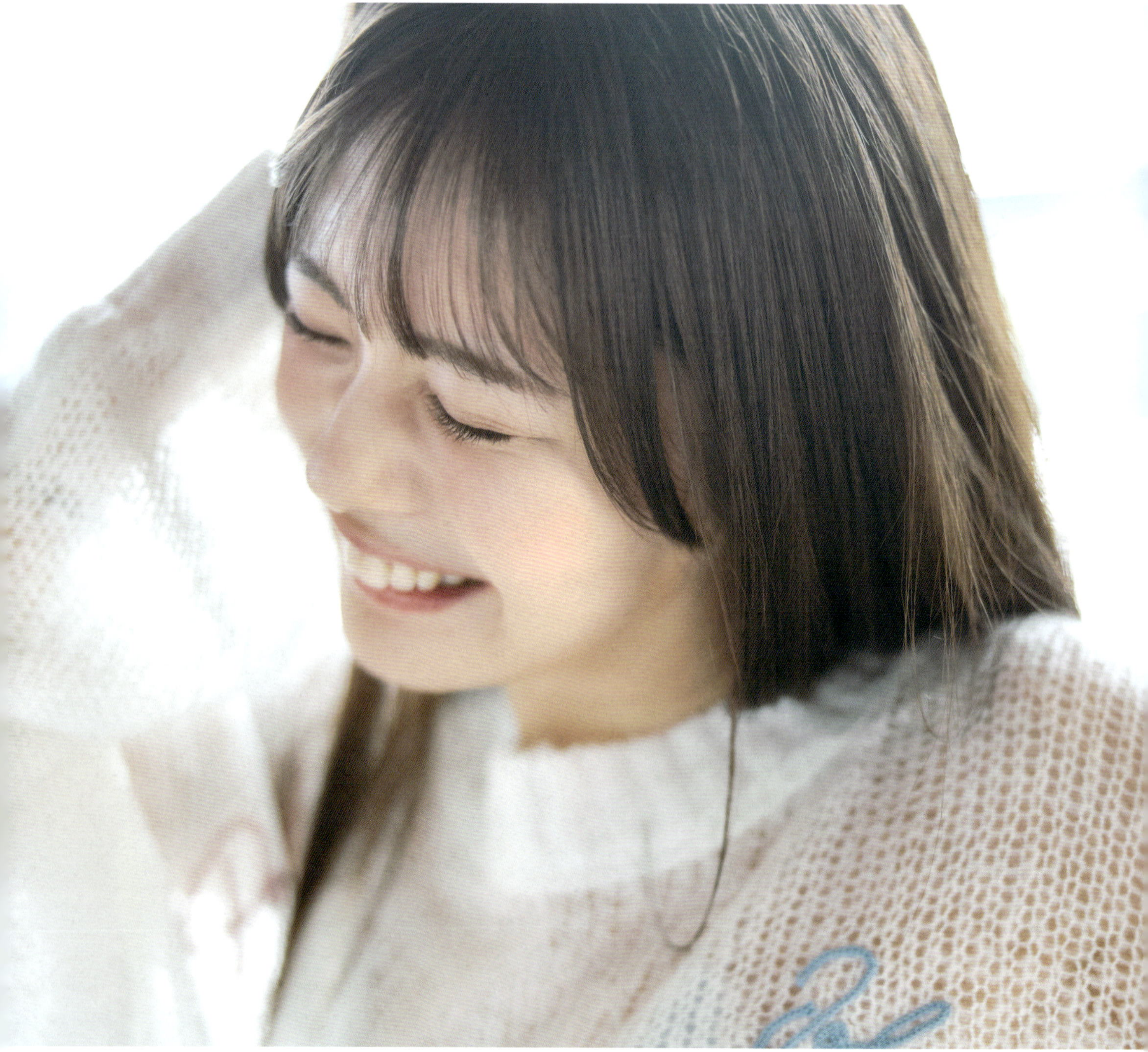

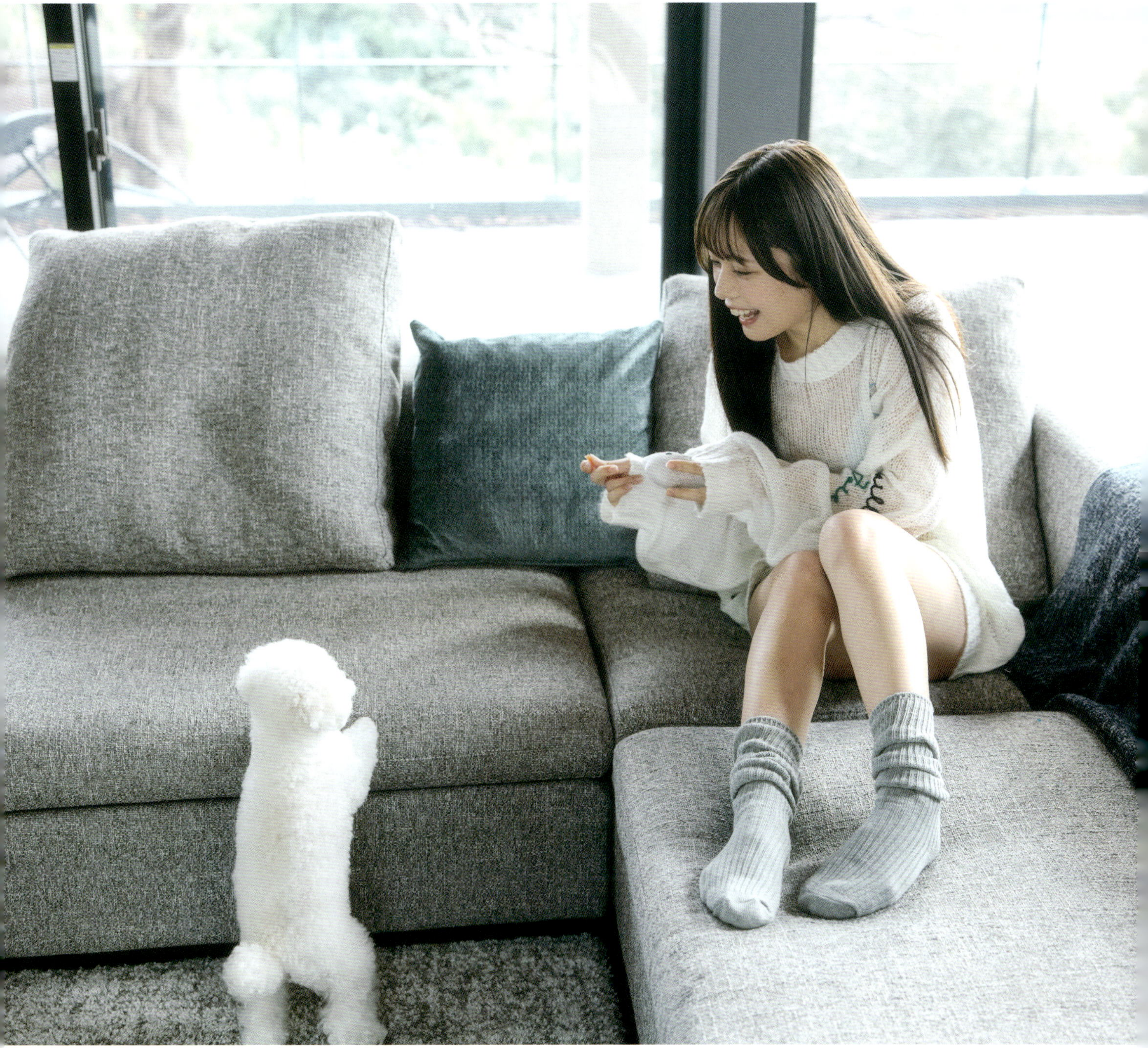

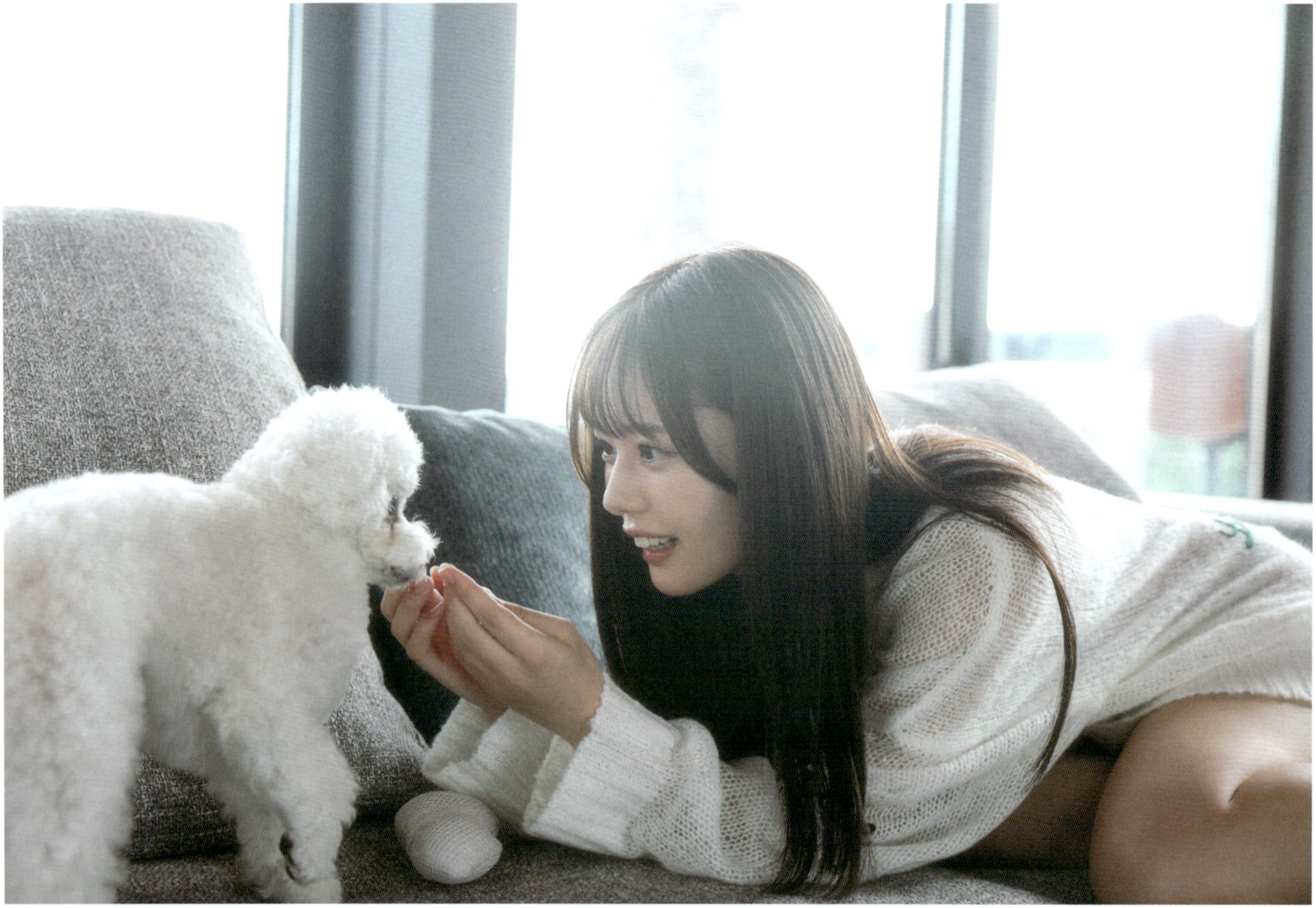

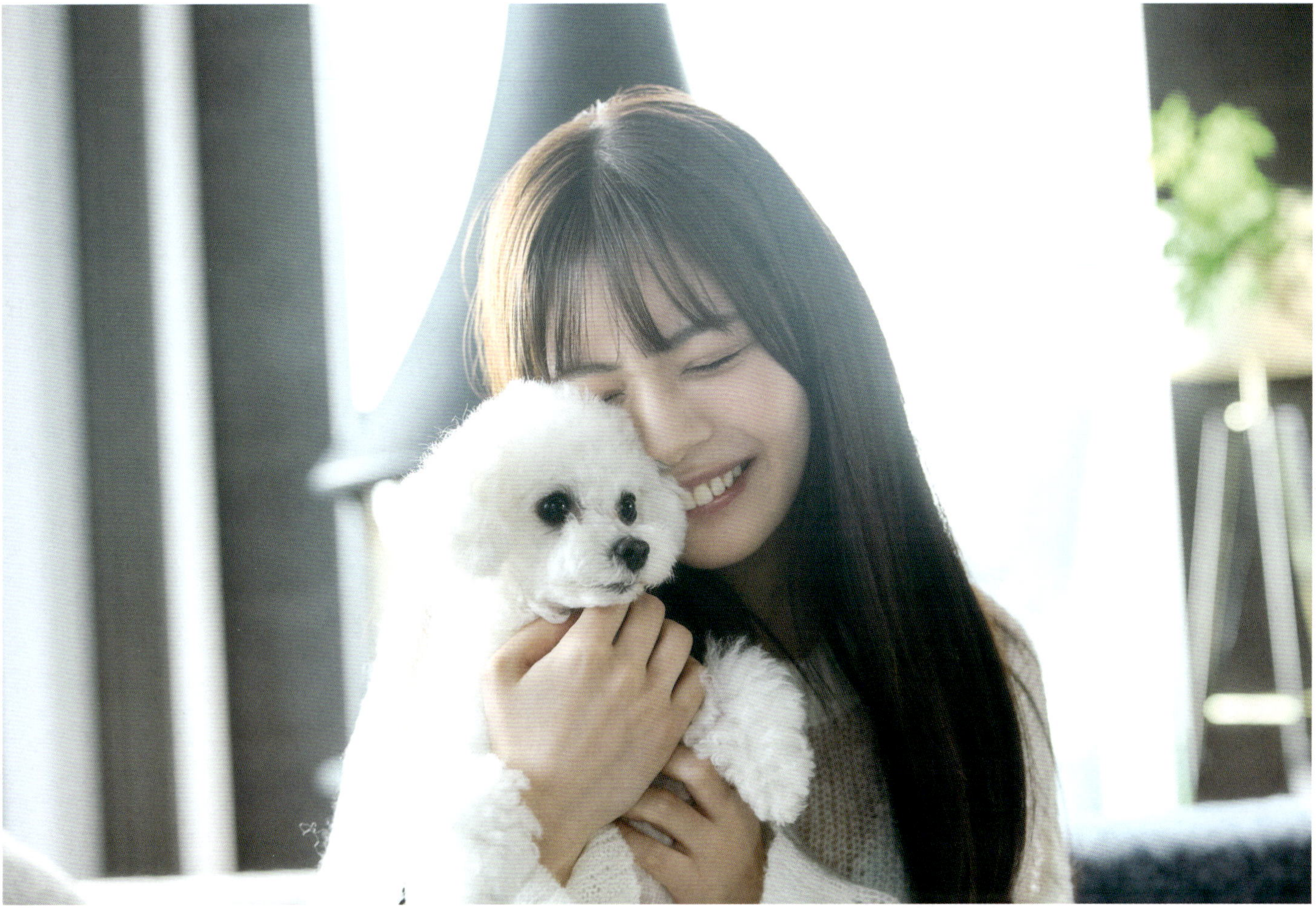

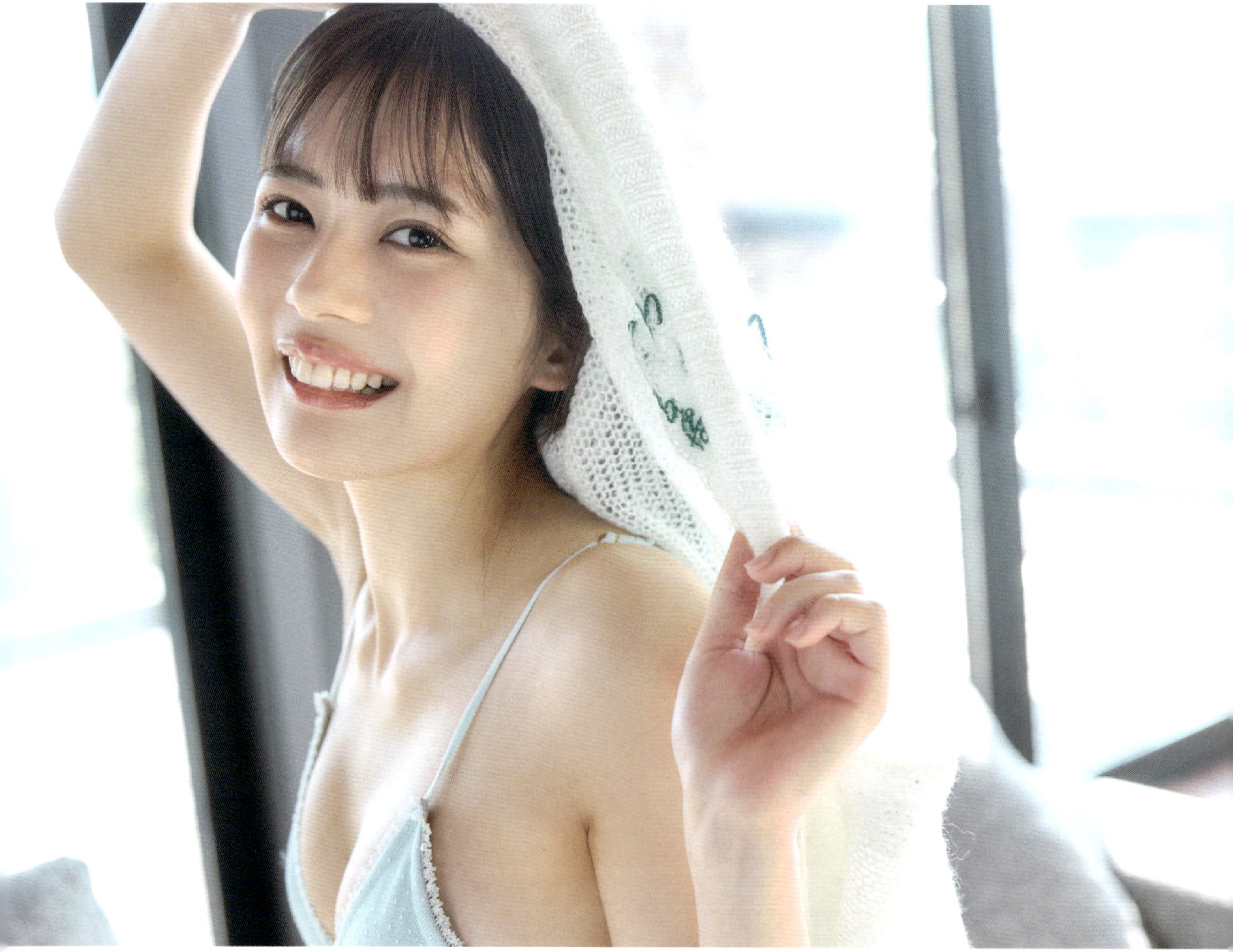

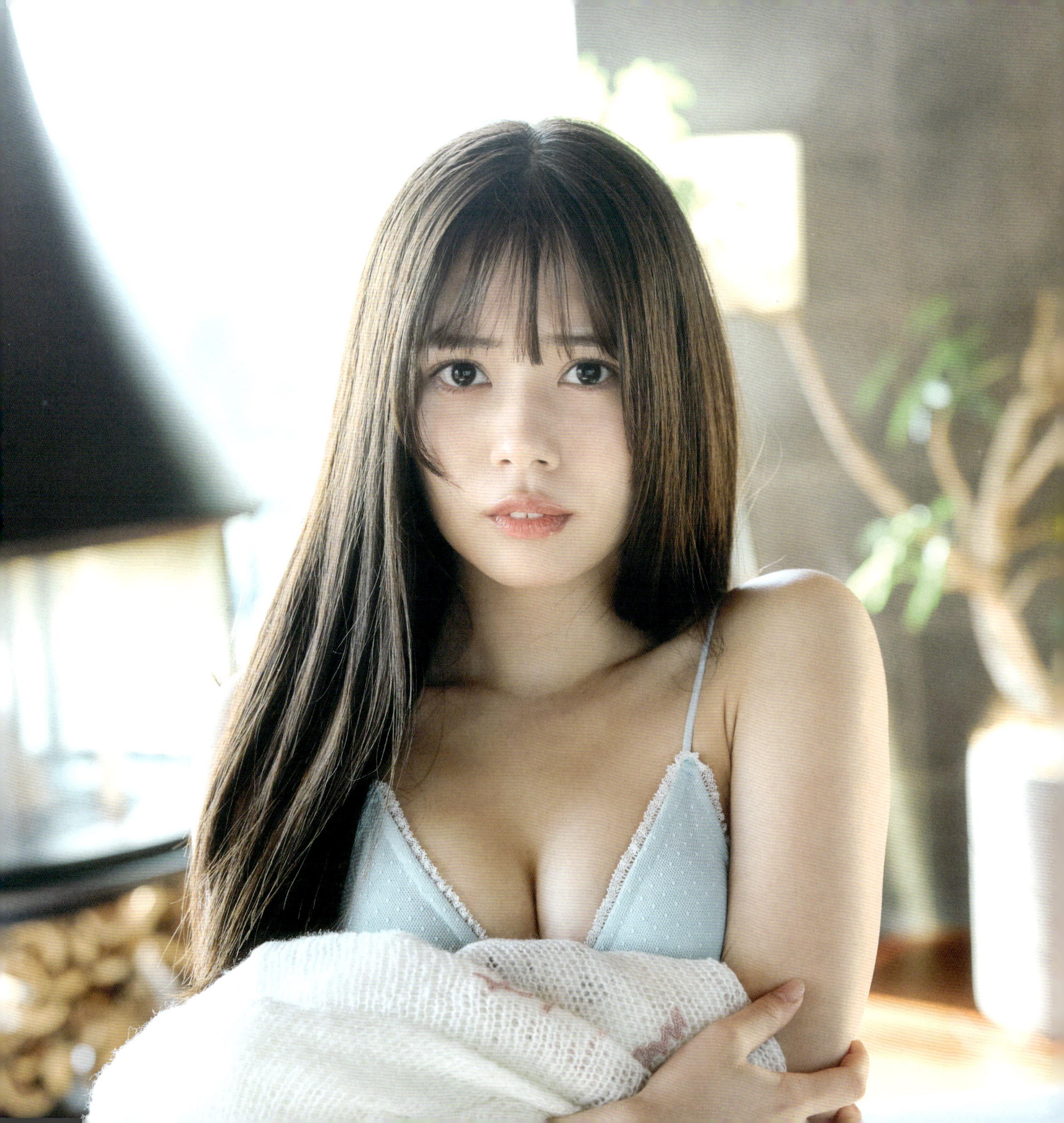

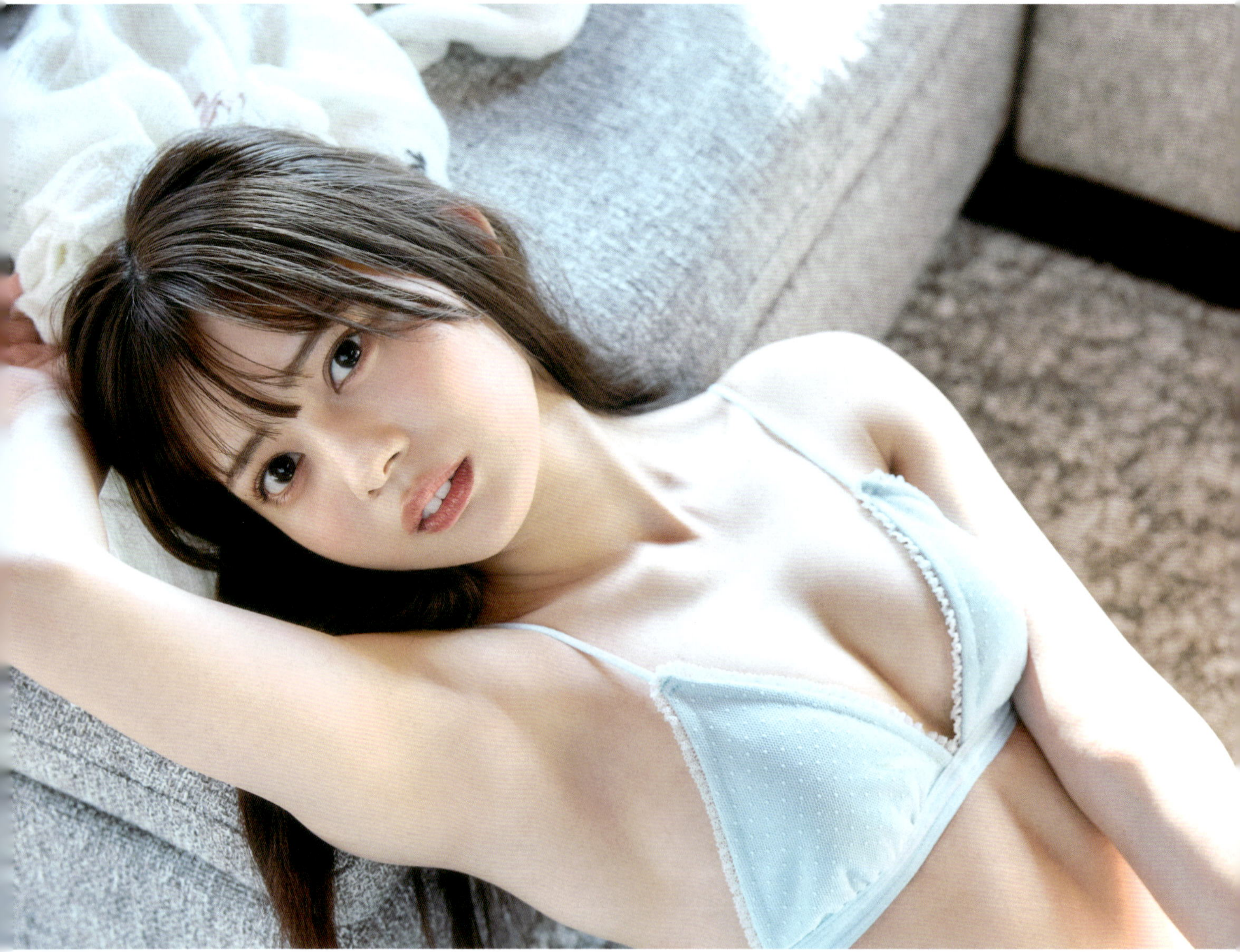

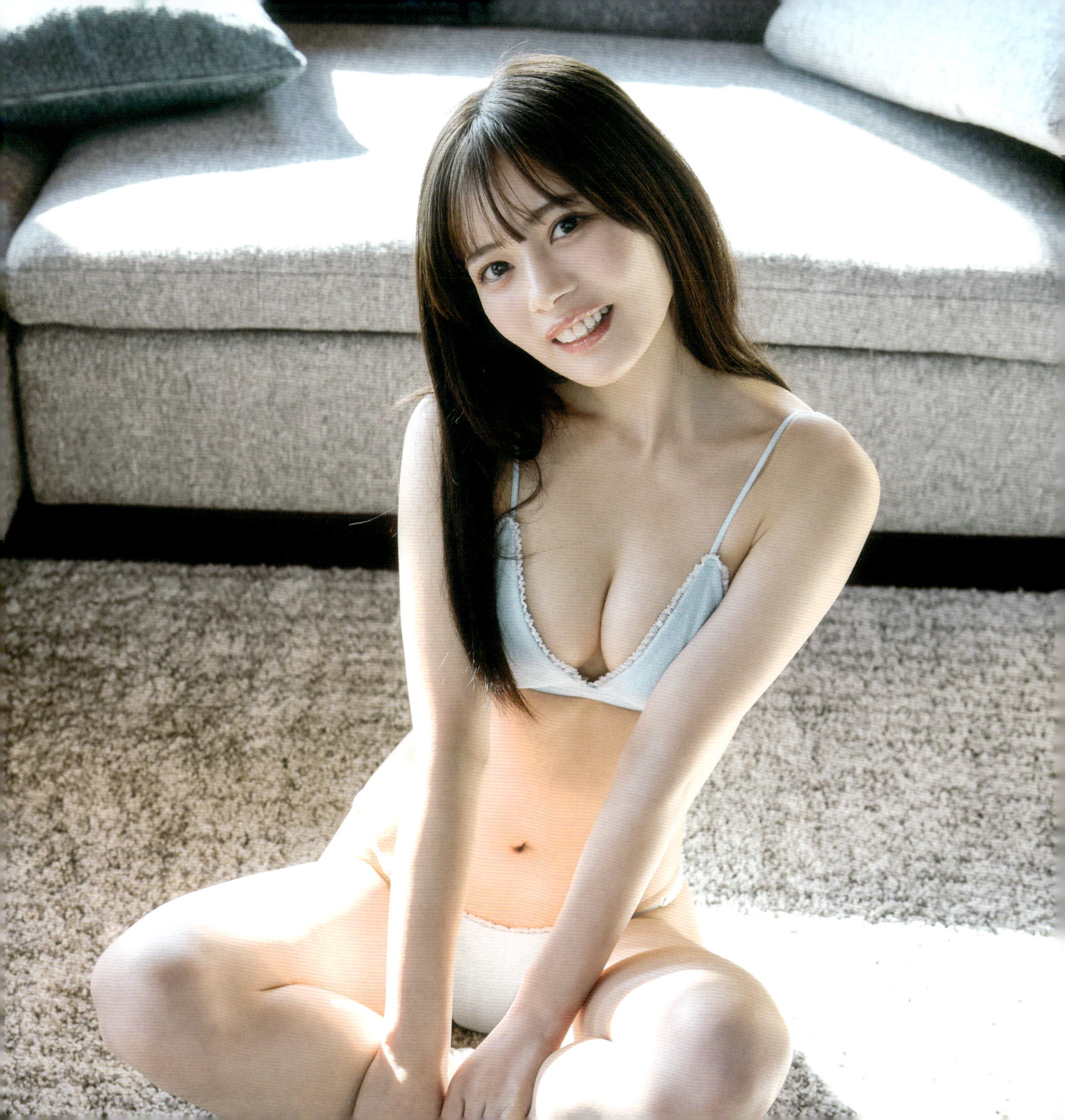

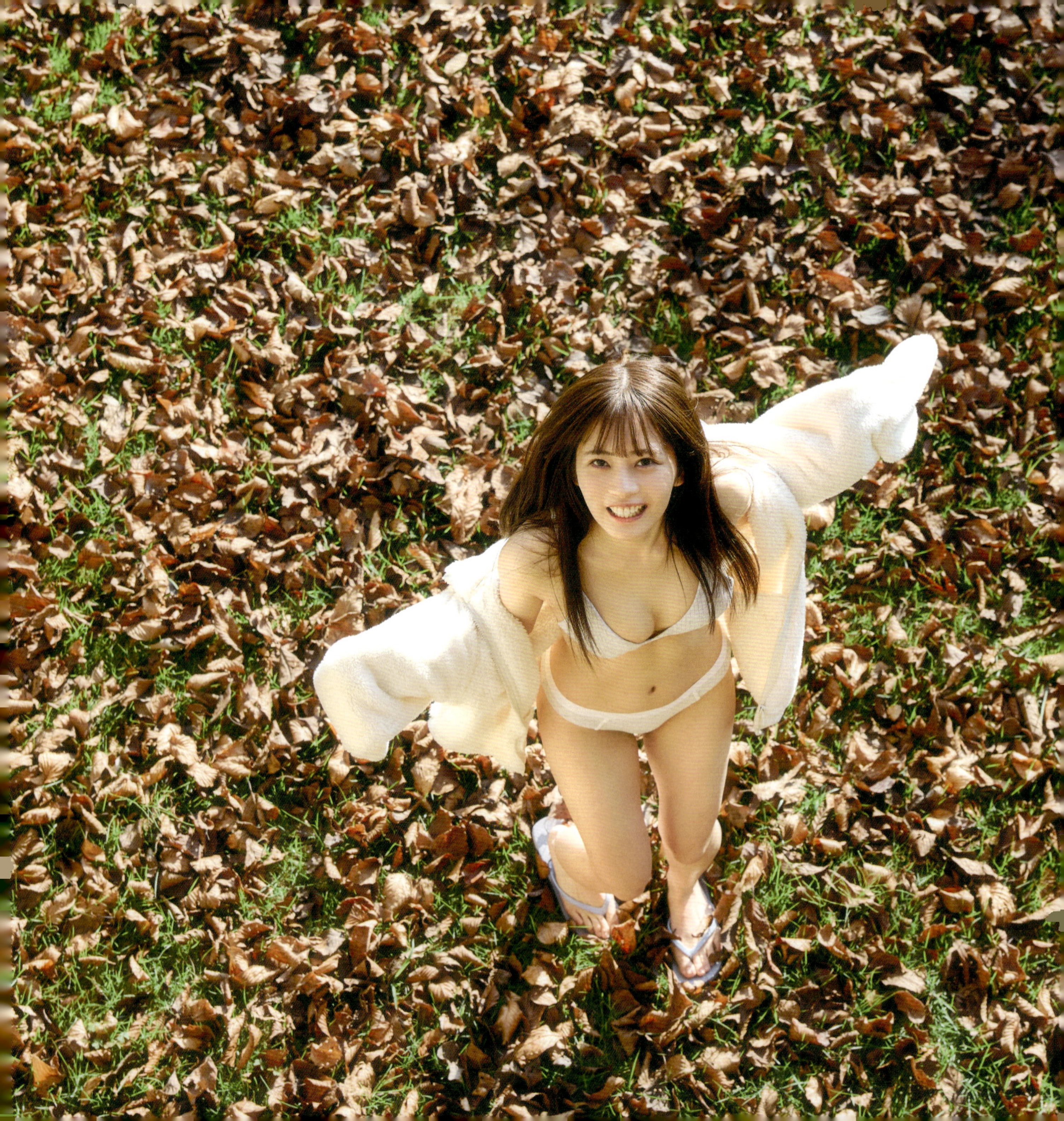

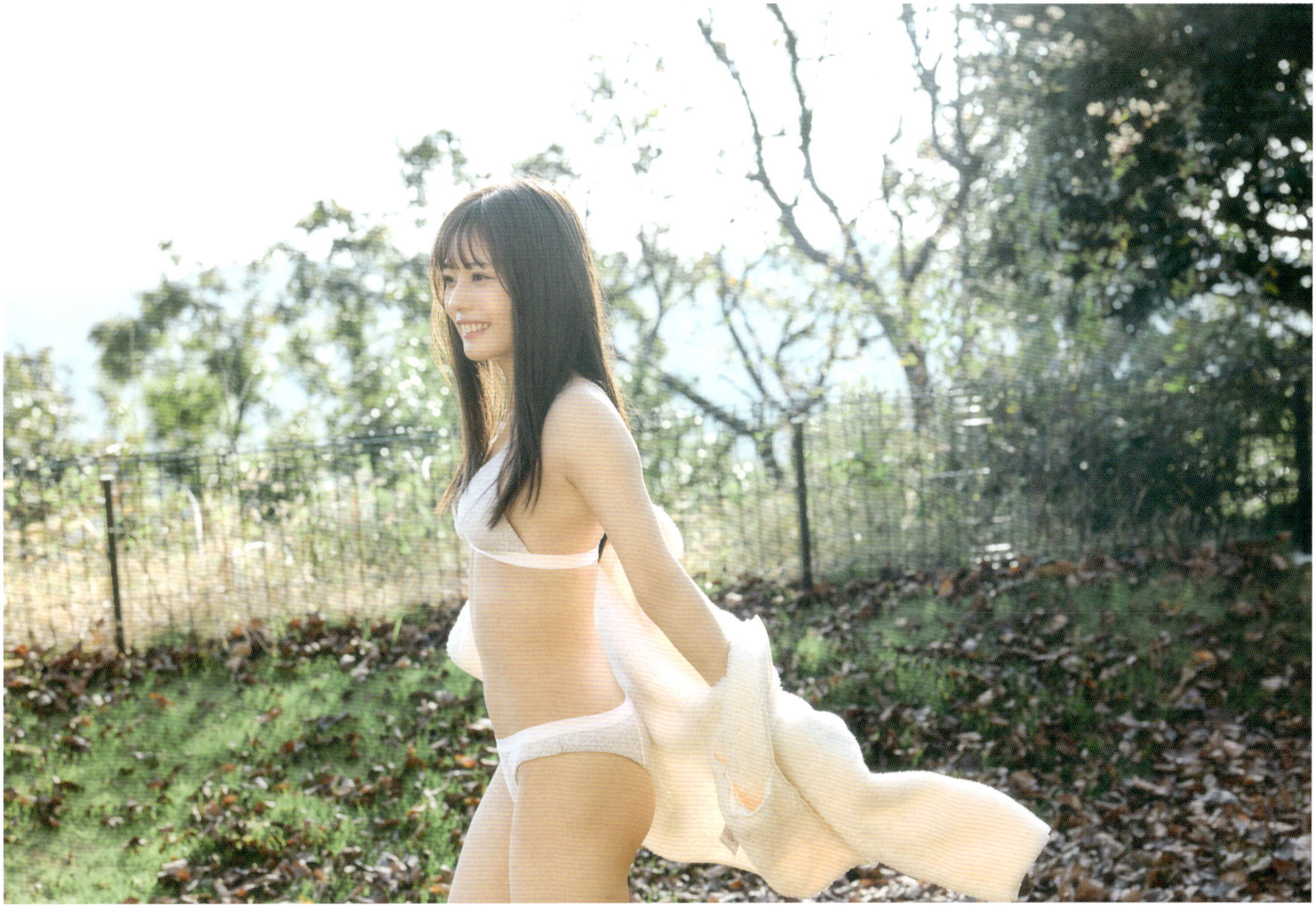

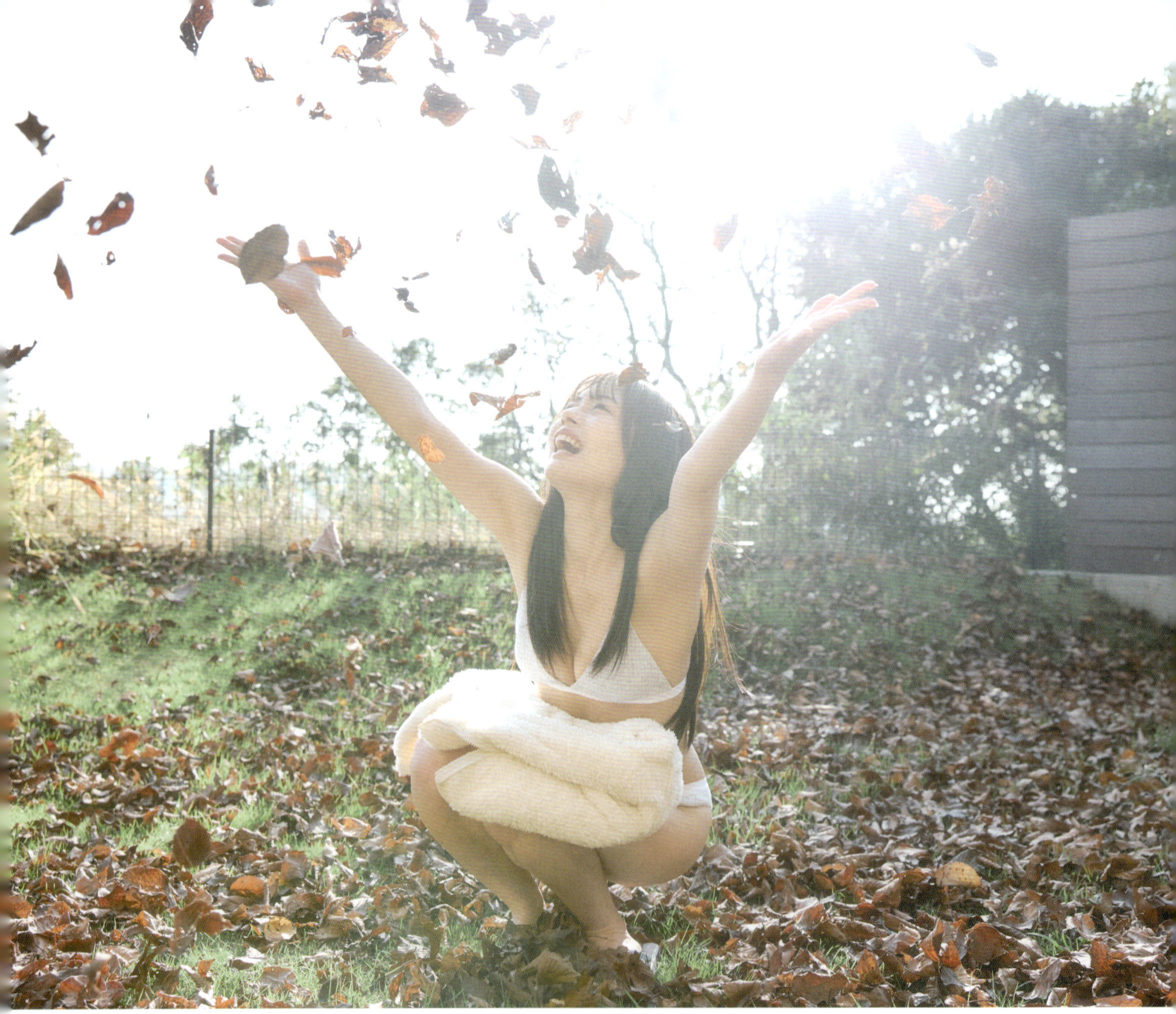

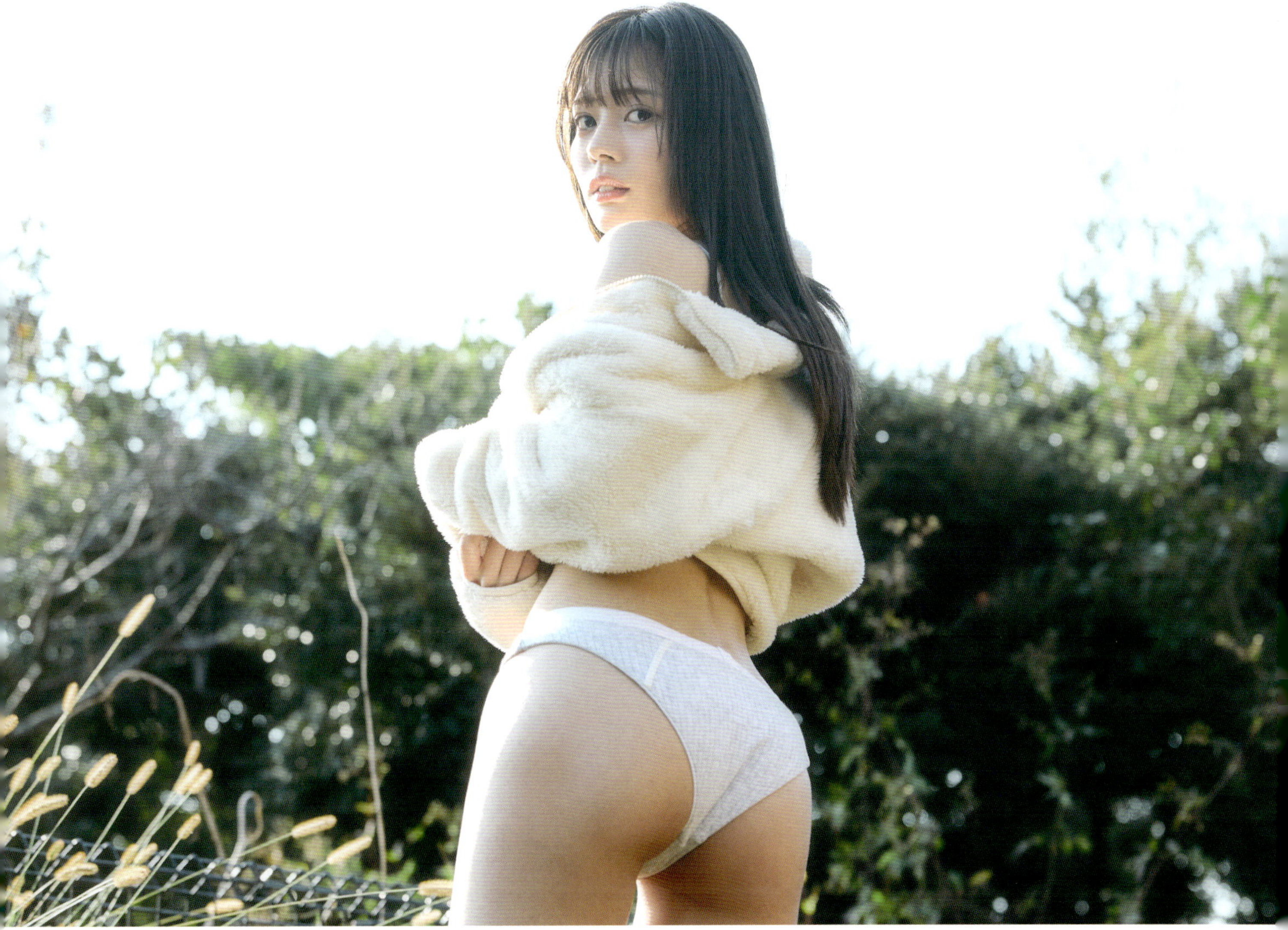

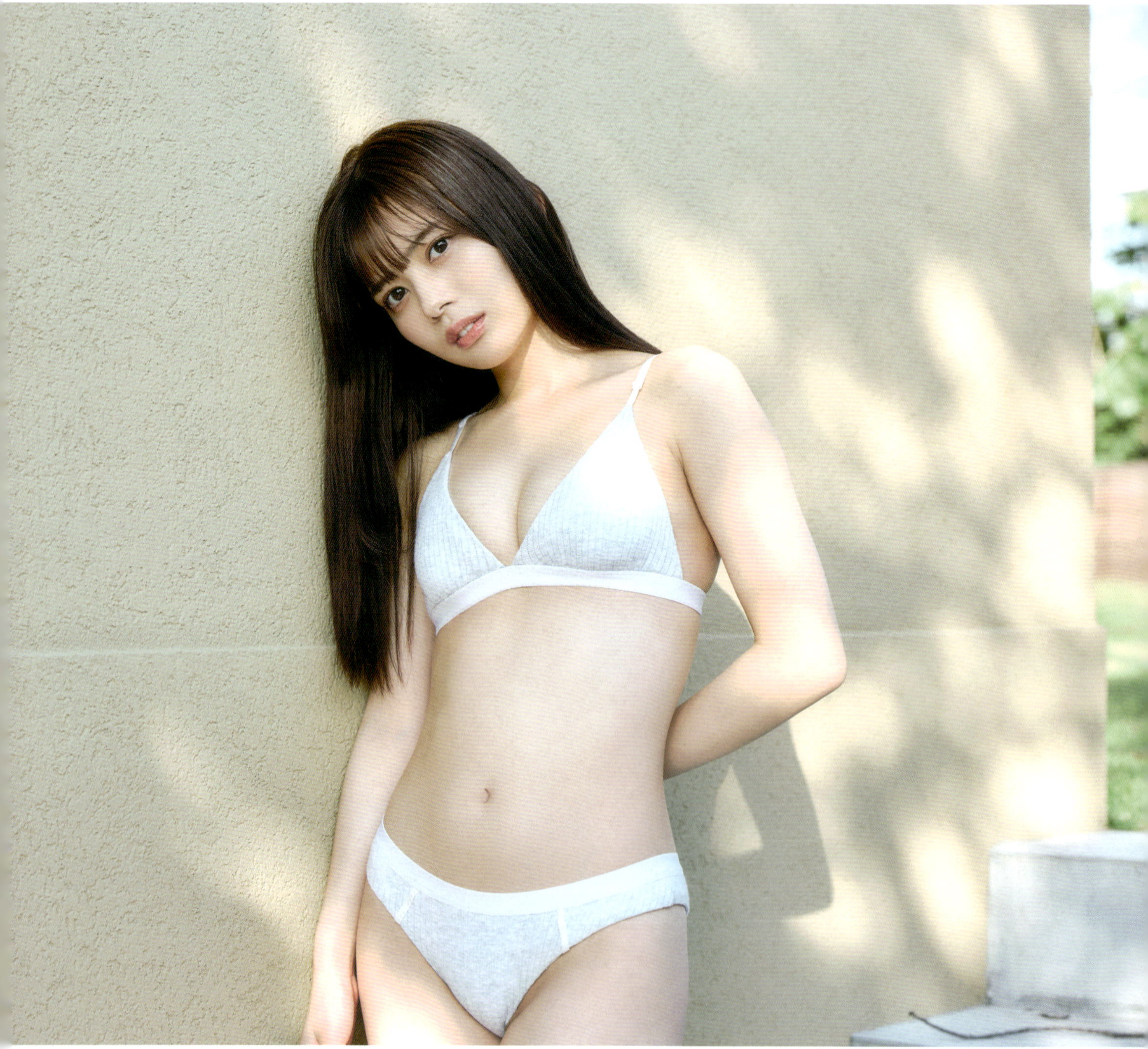

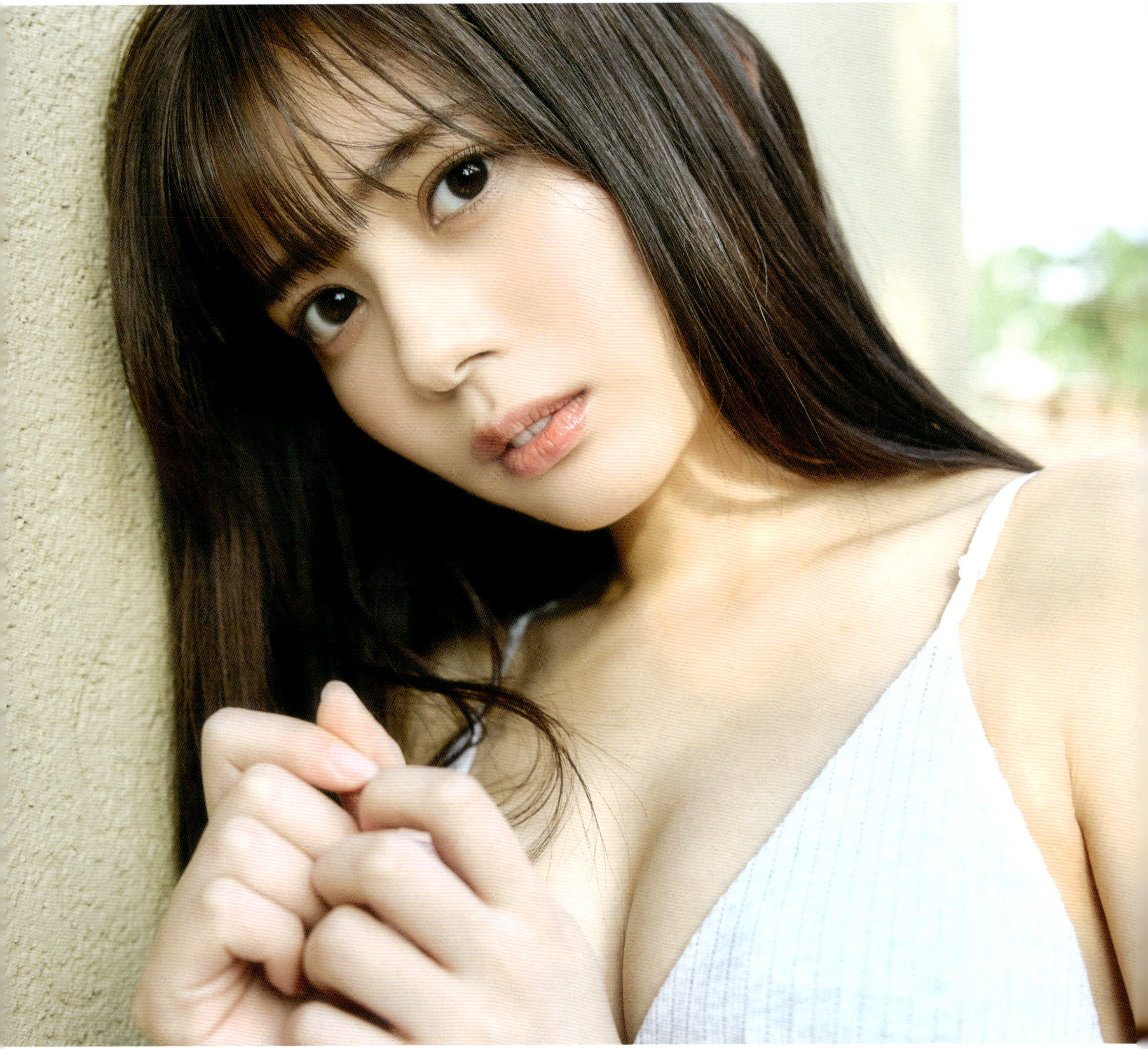

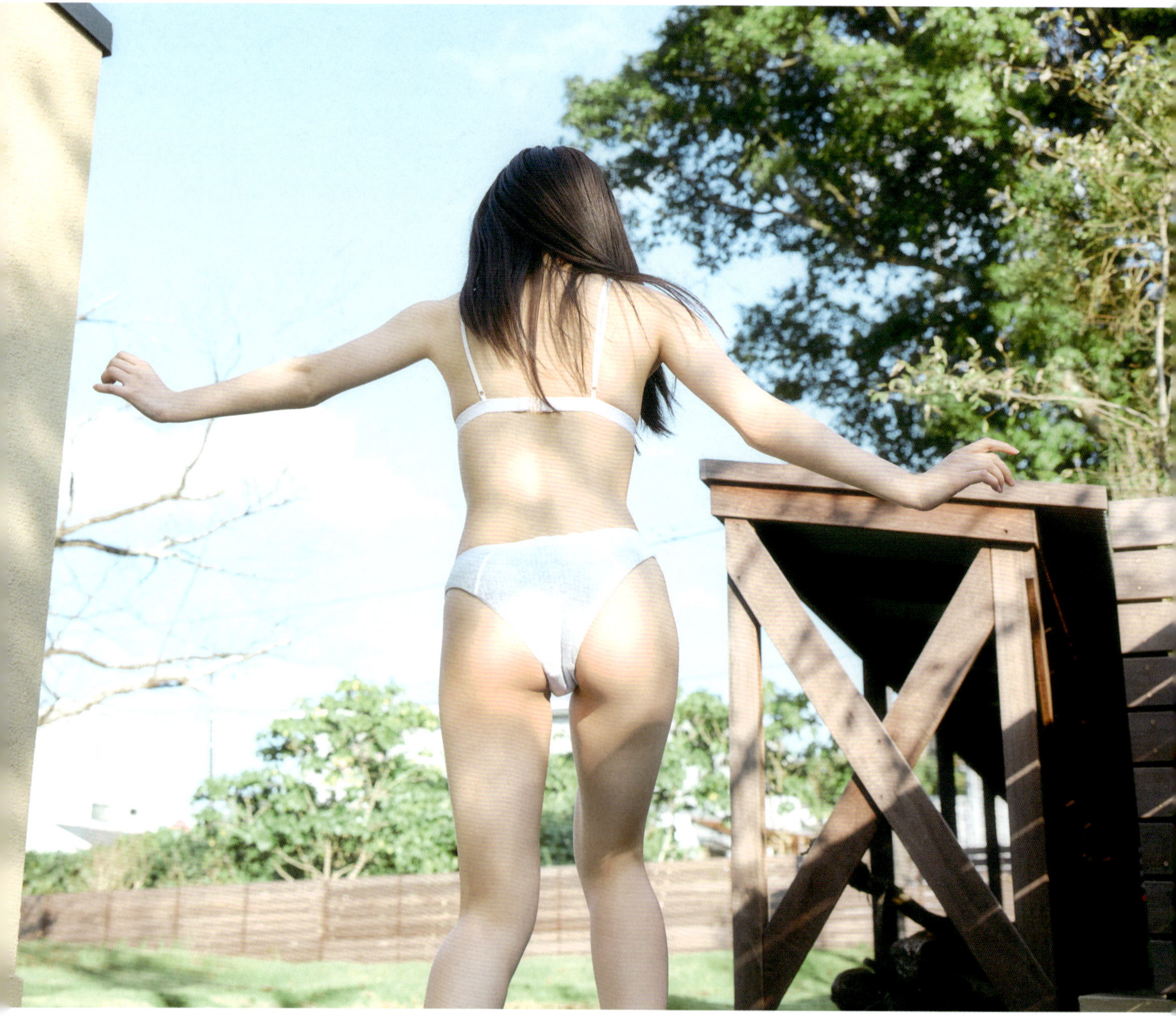

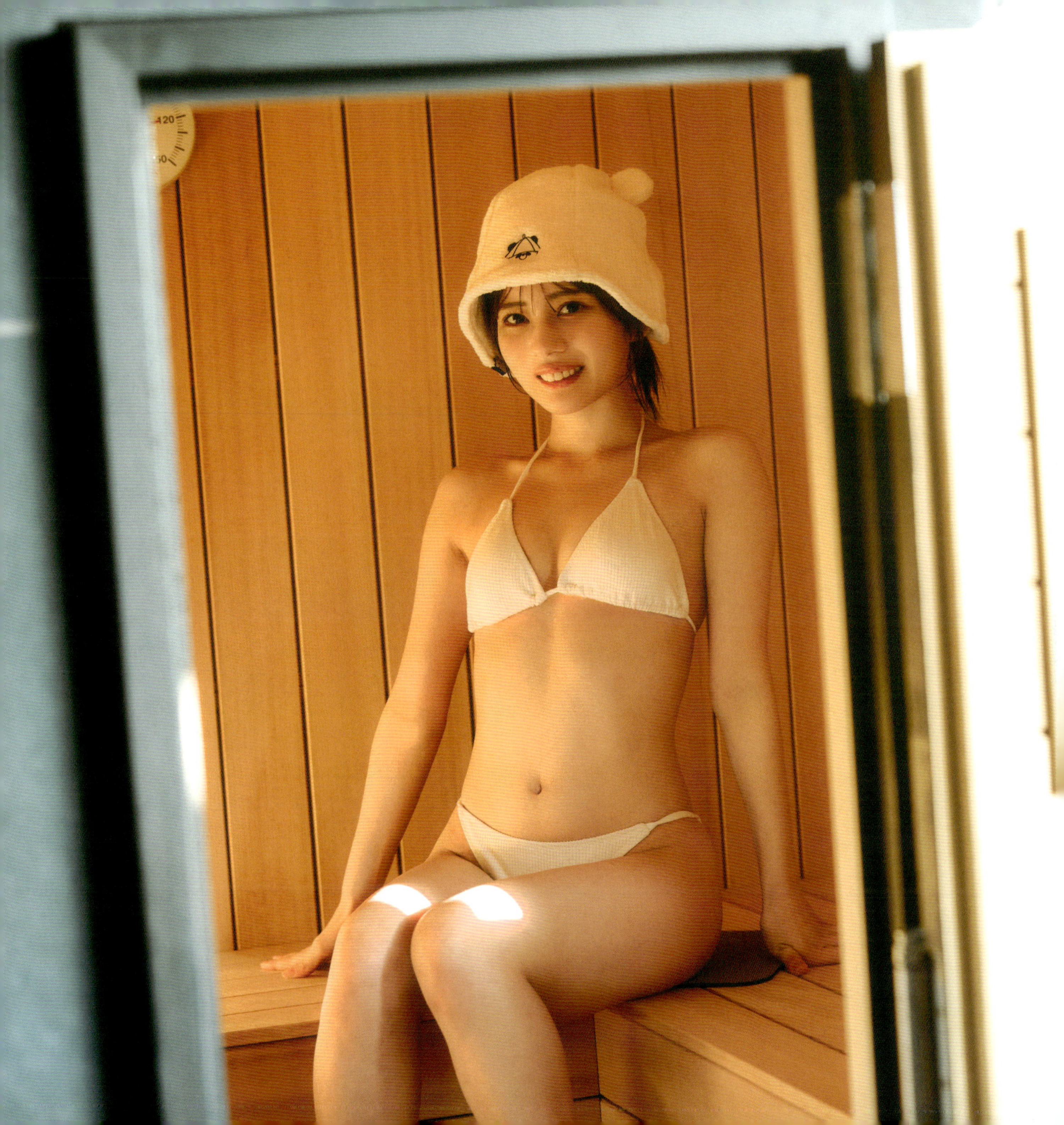

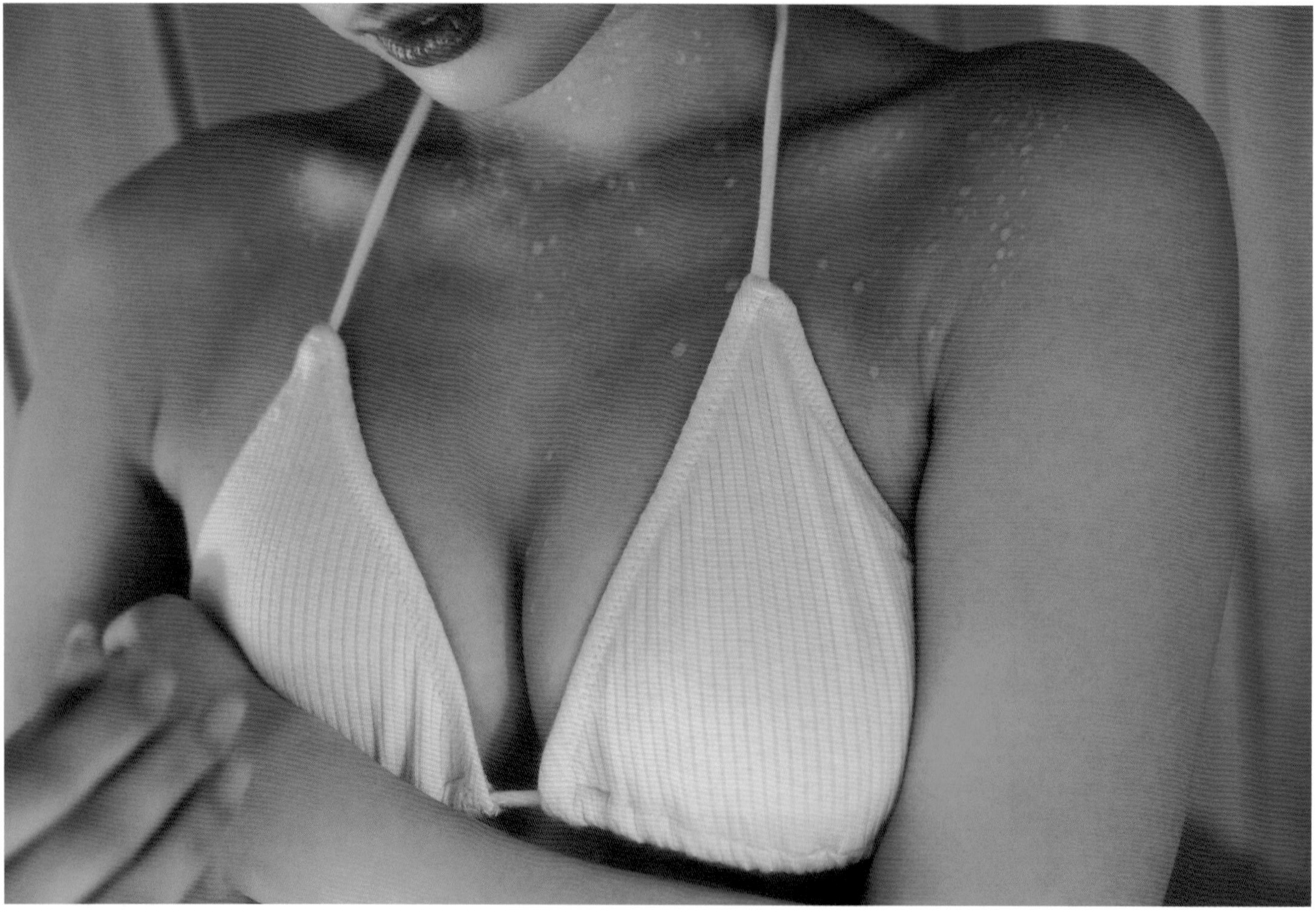

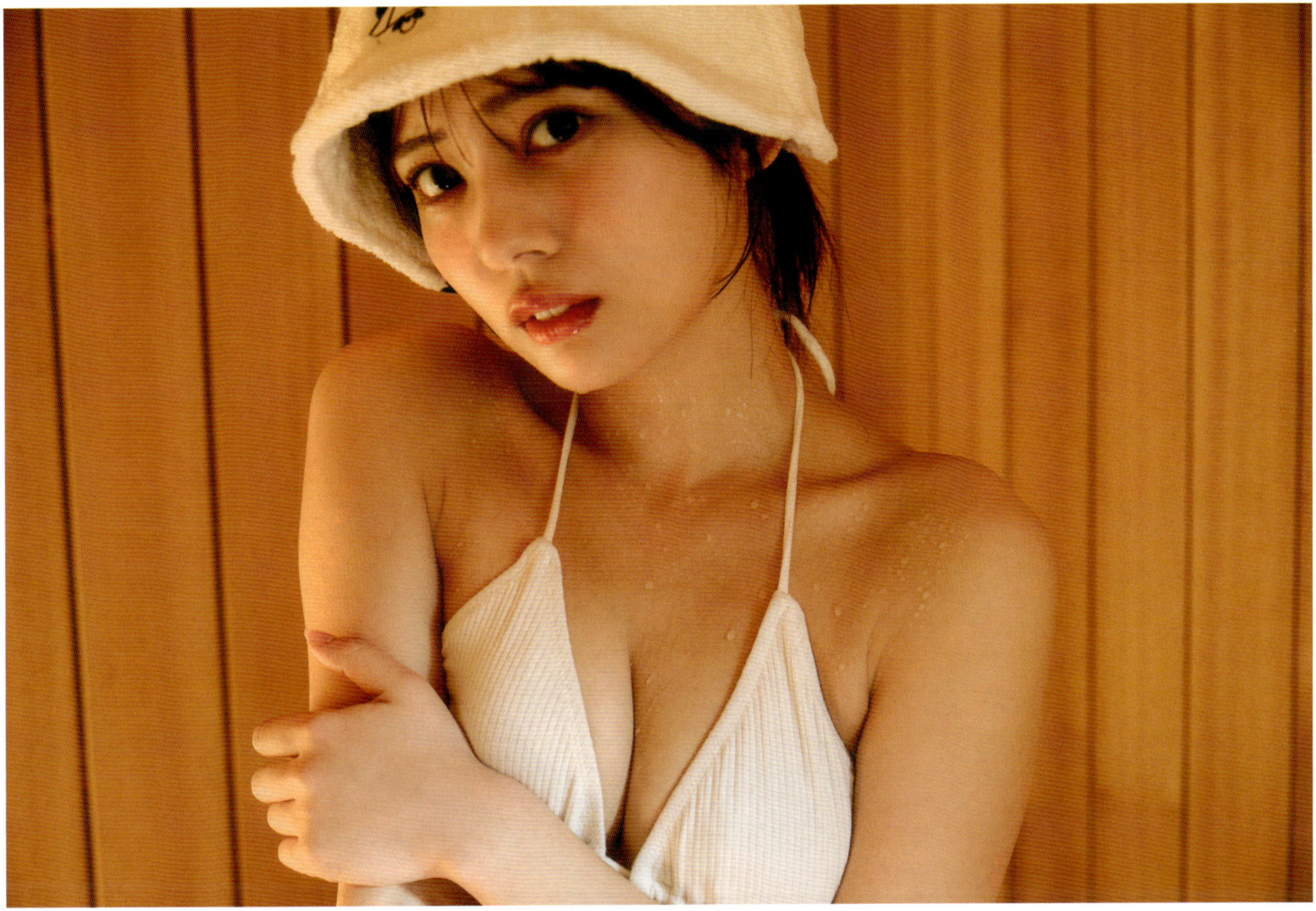

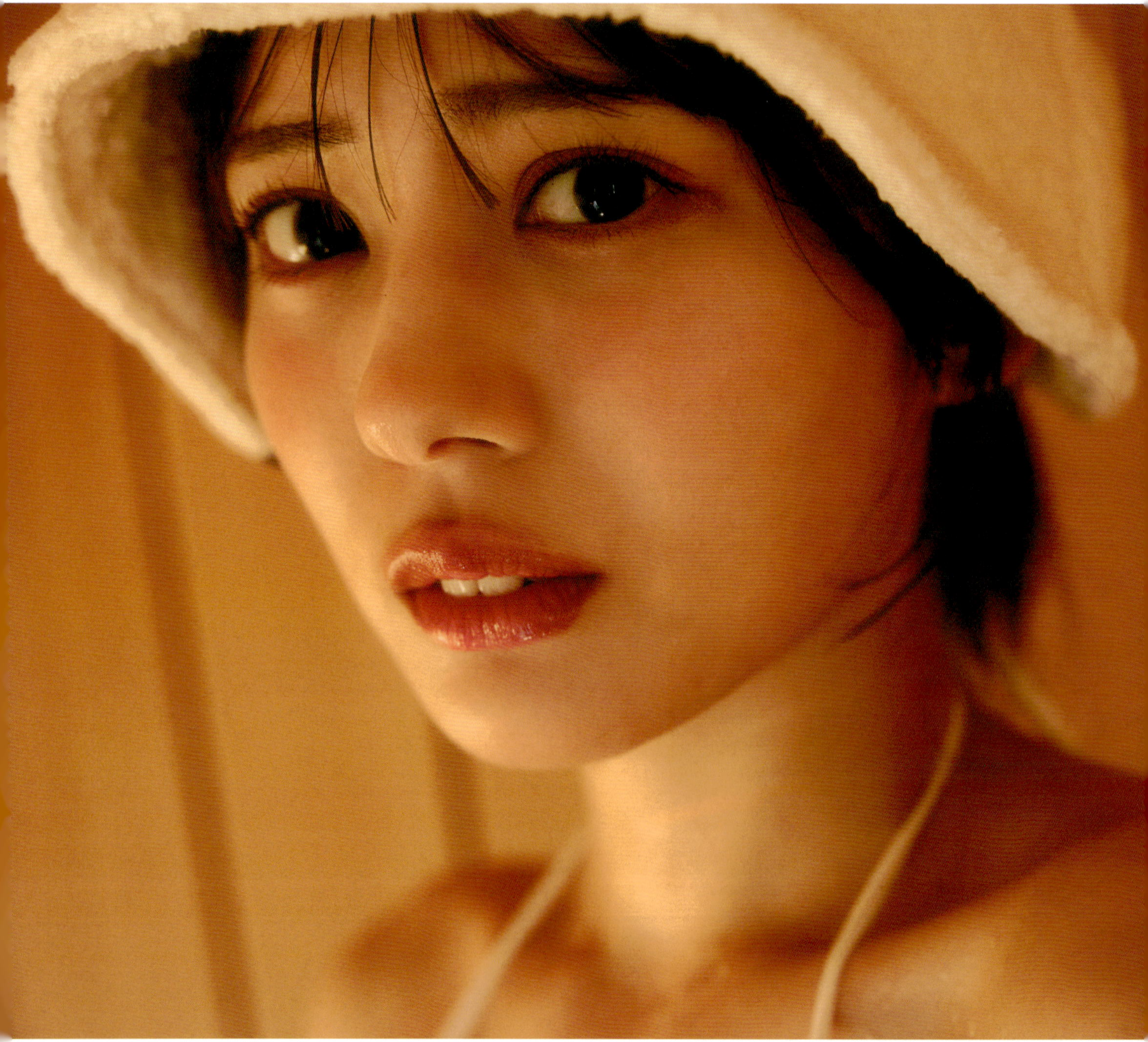

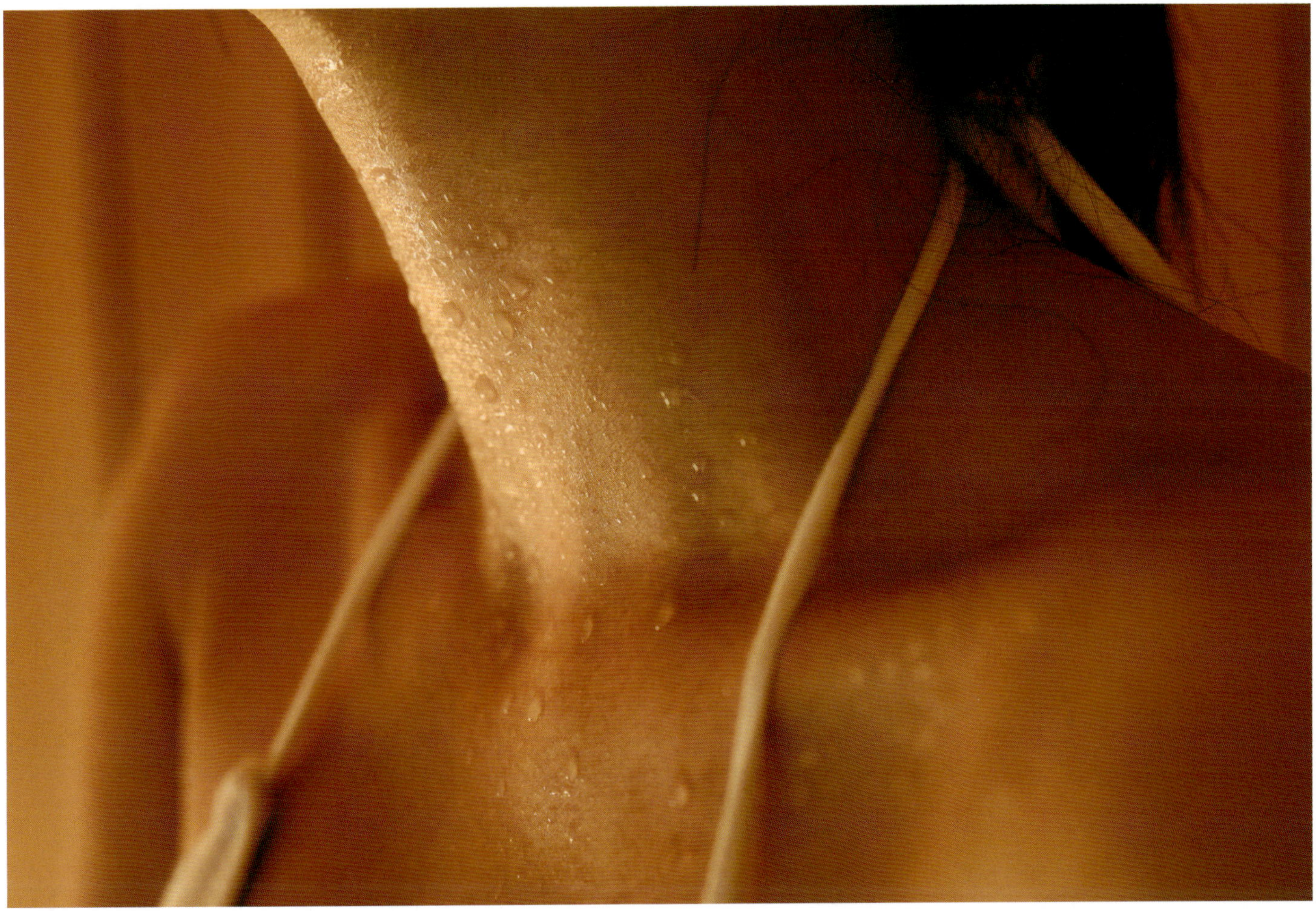

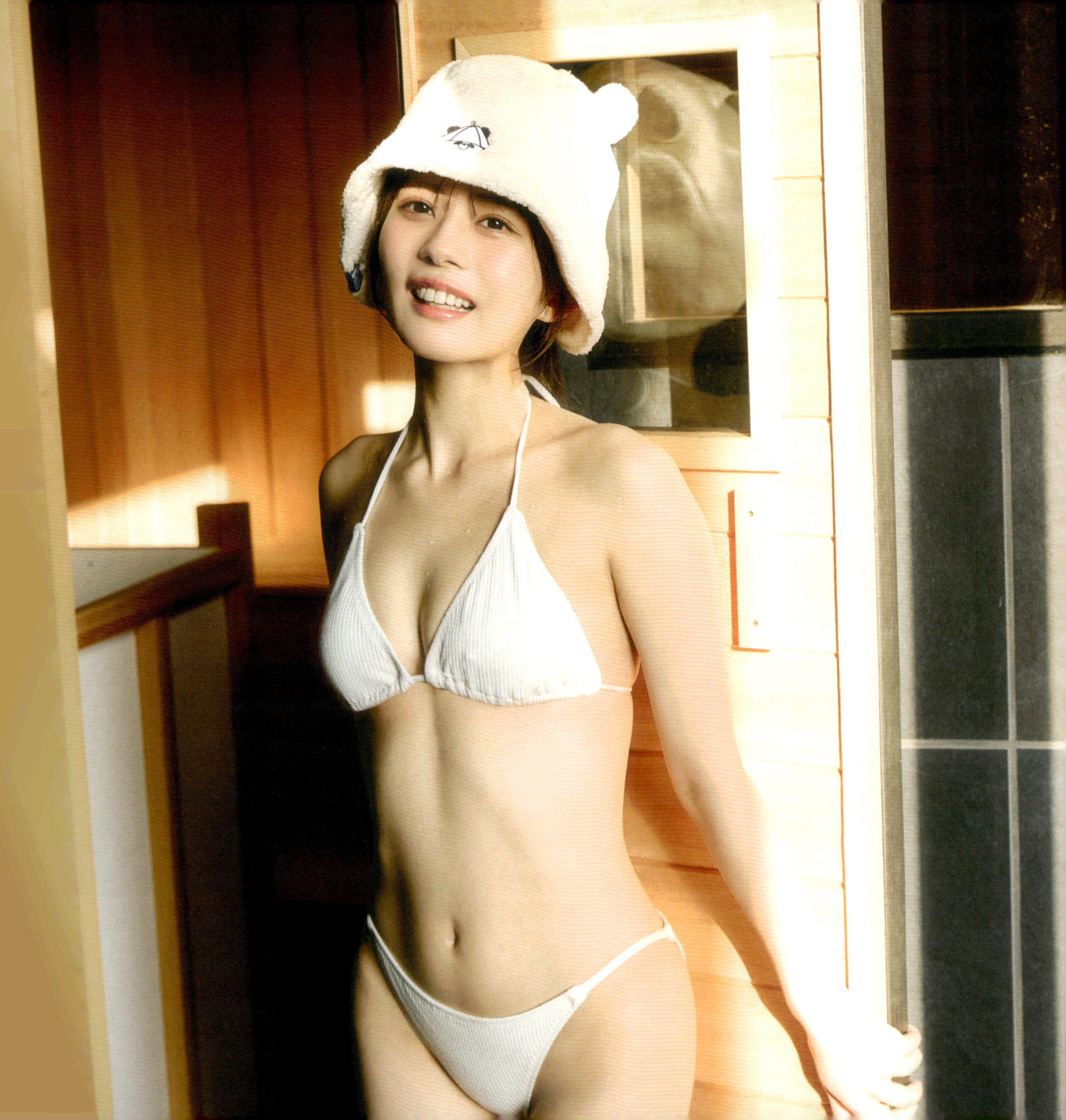

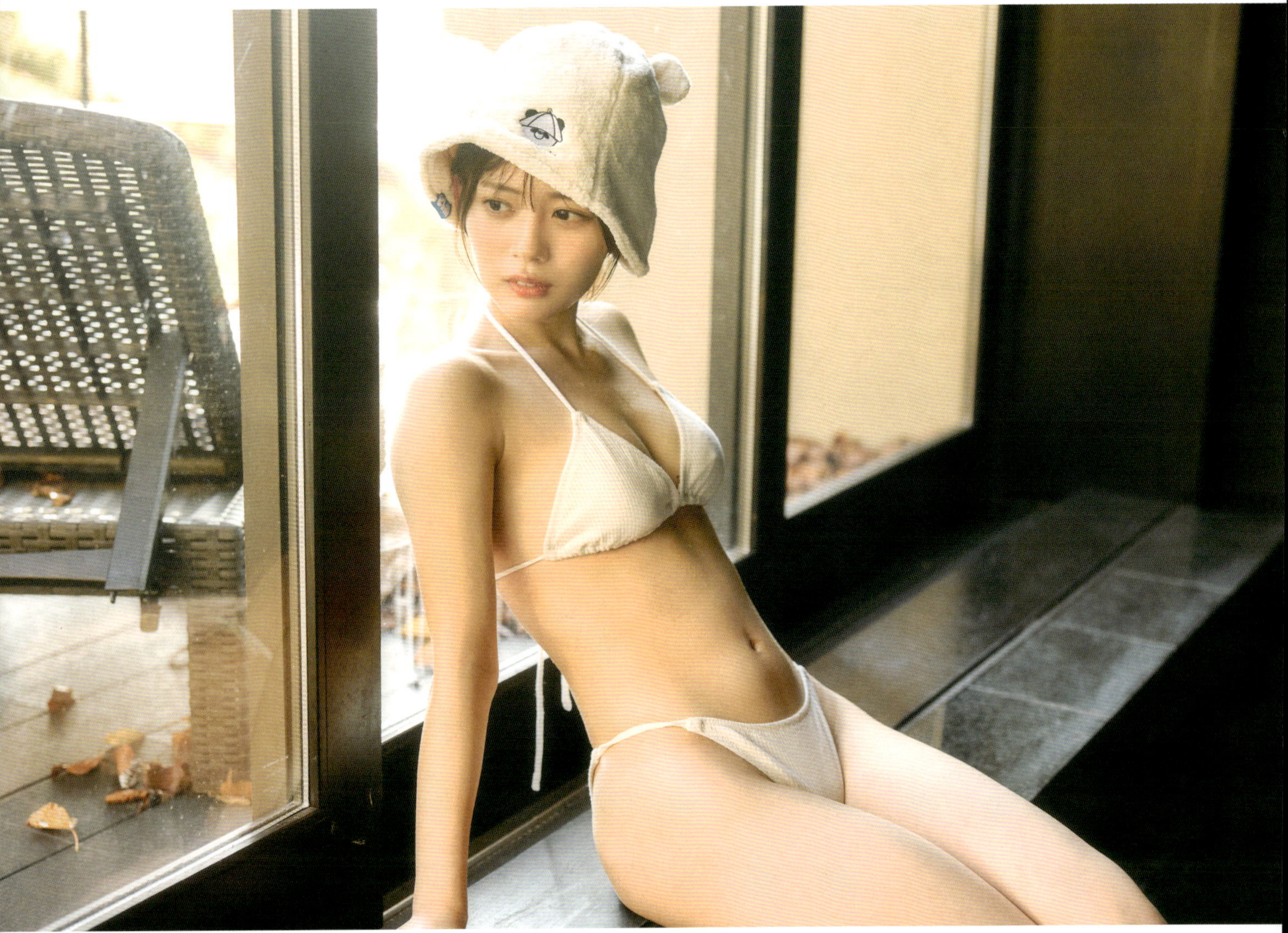

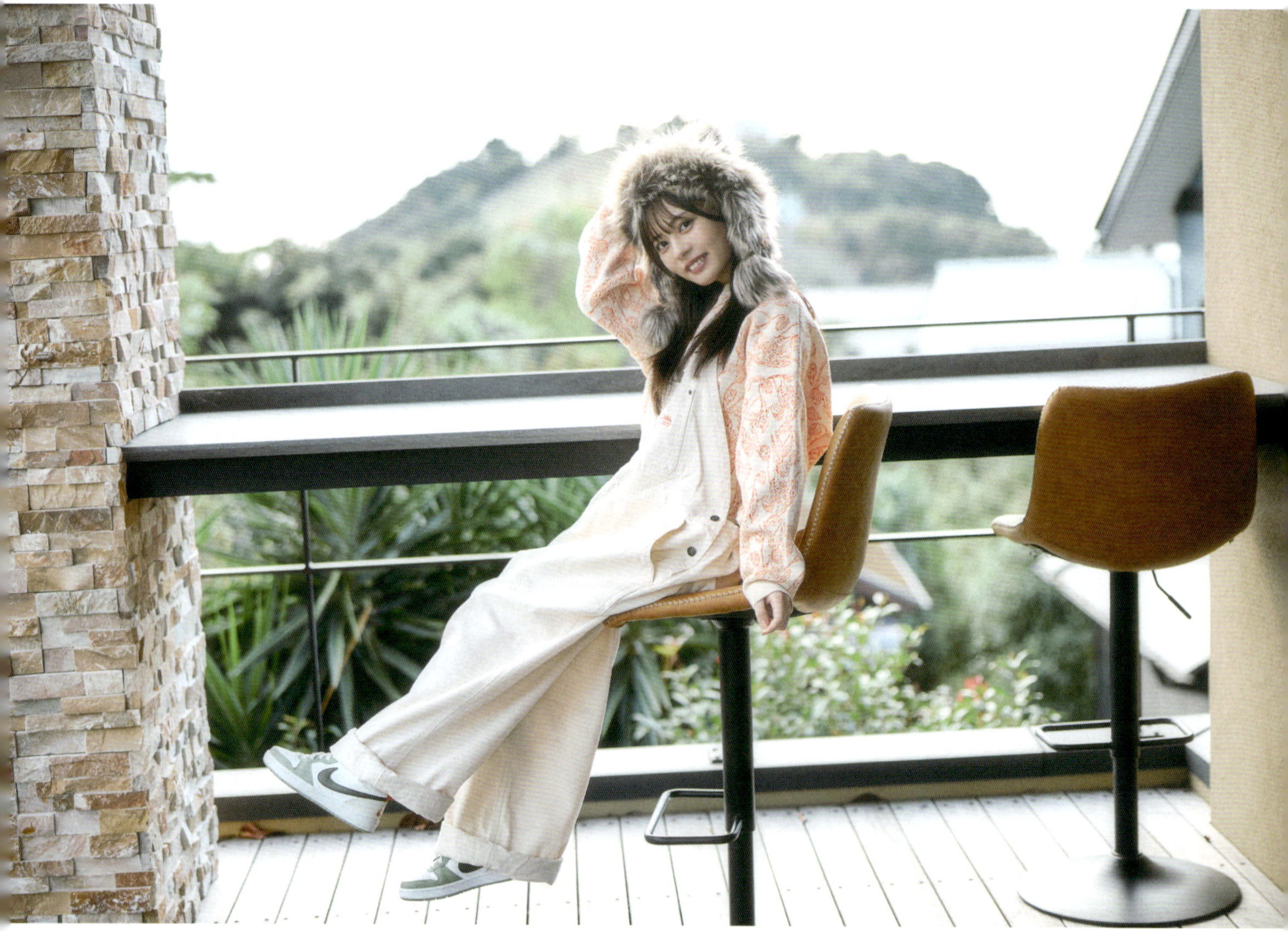

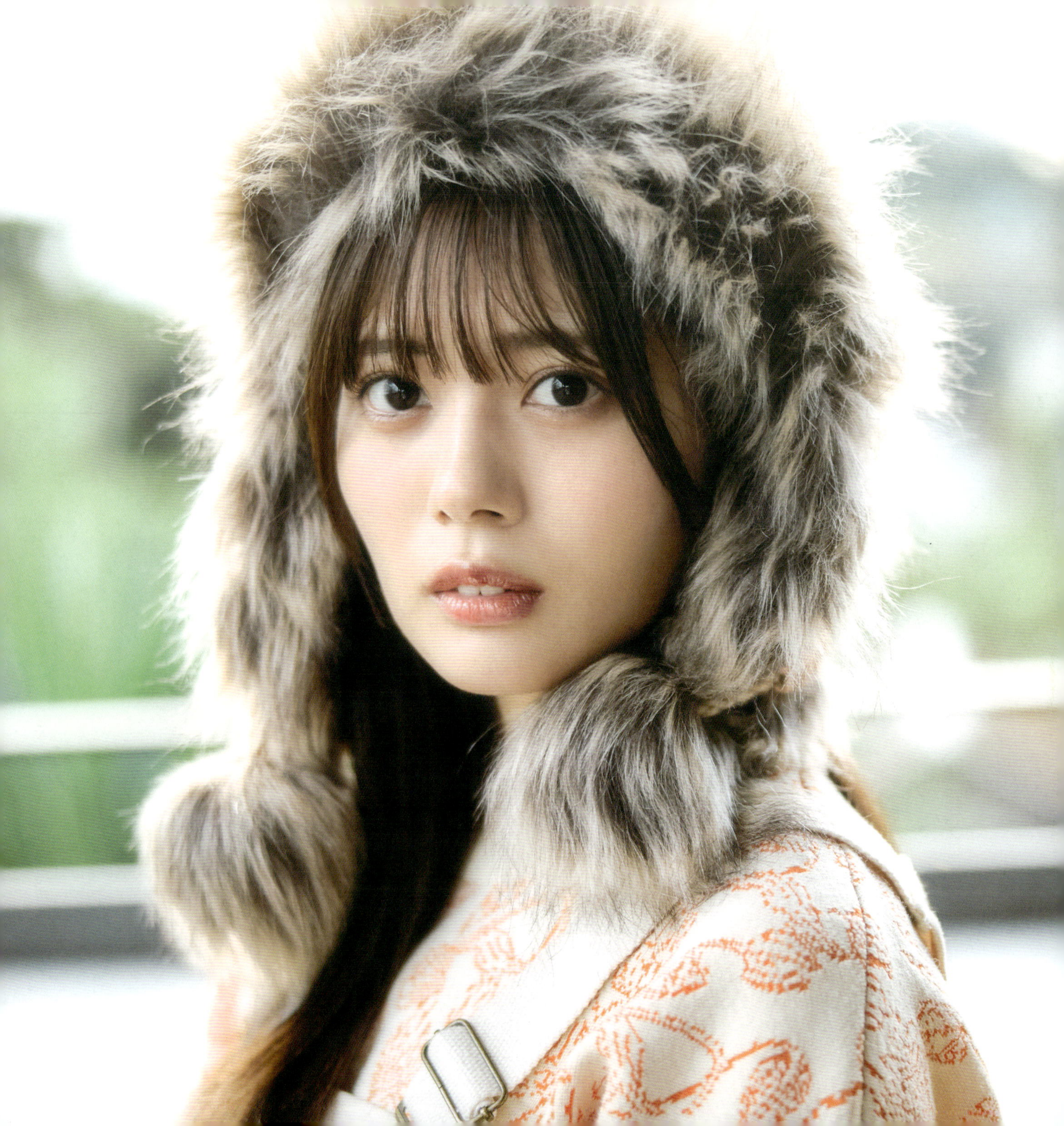

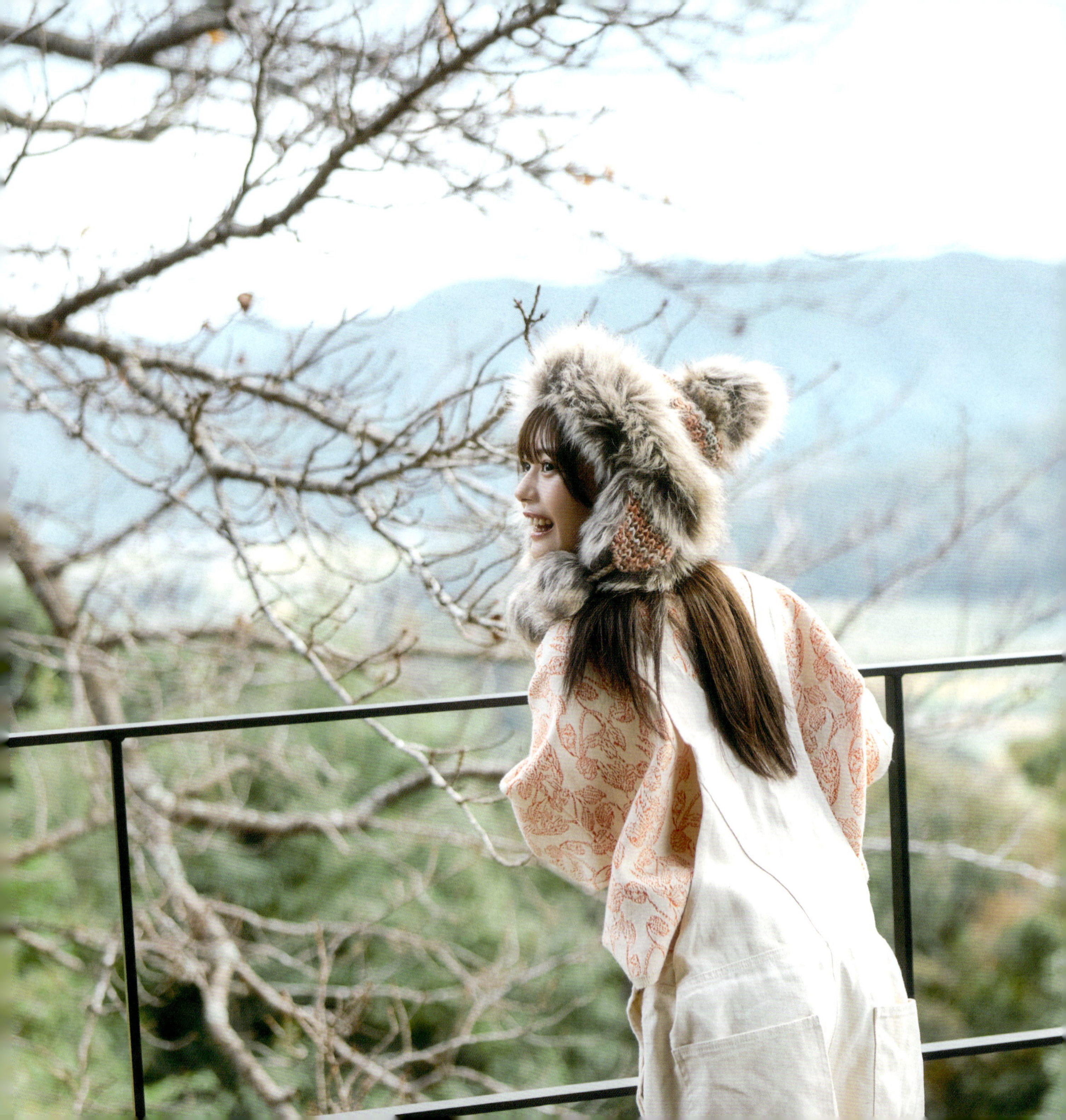

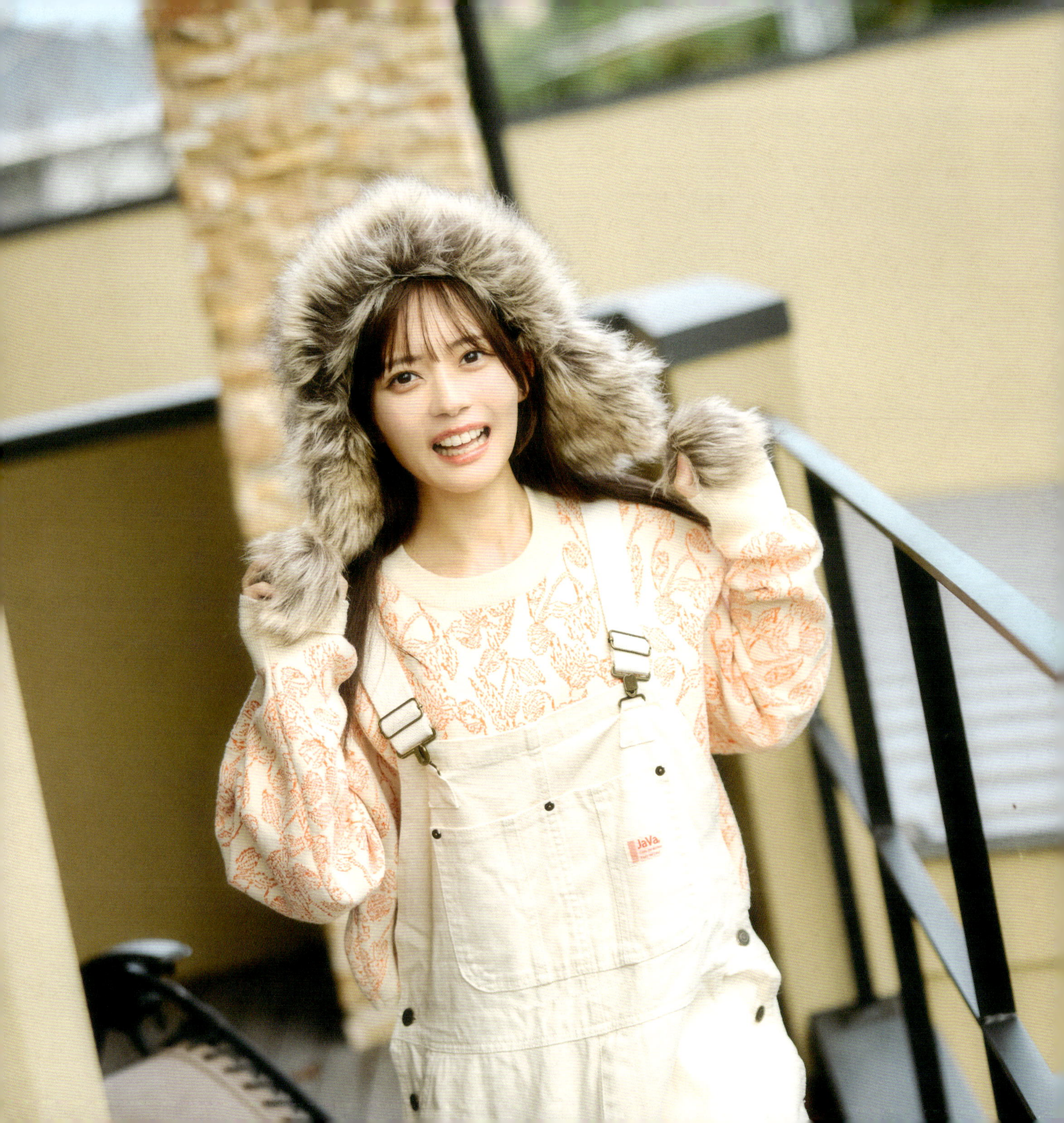
JaVa

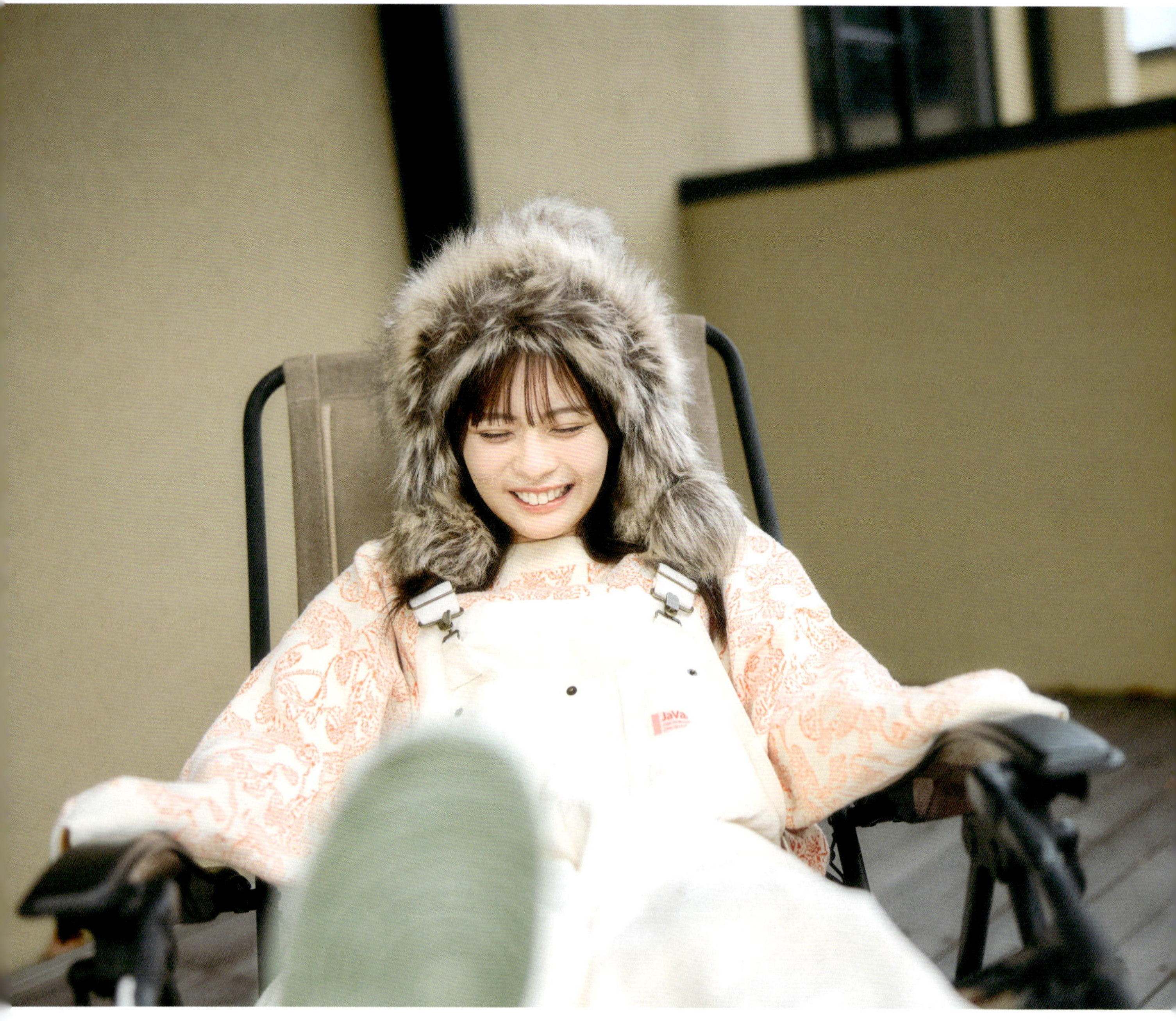

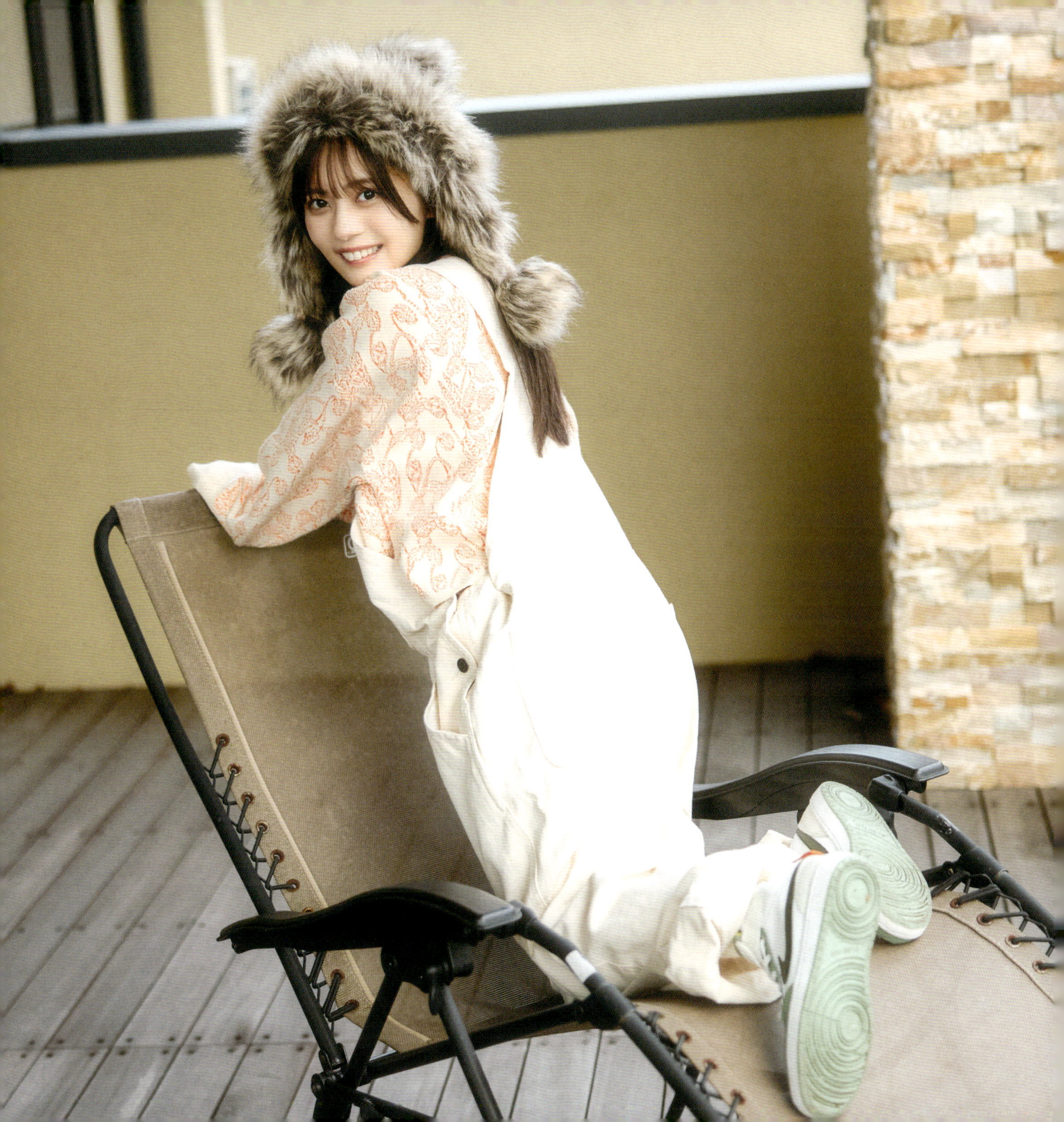

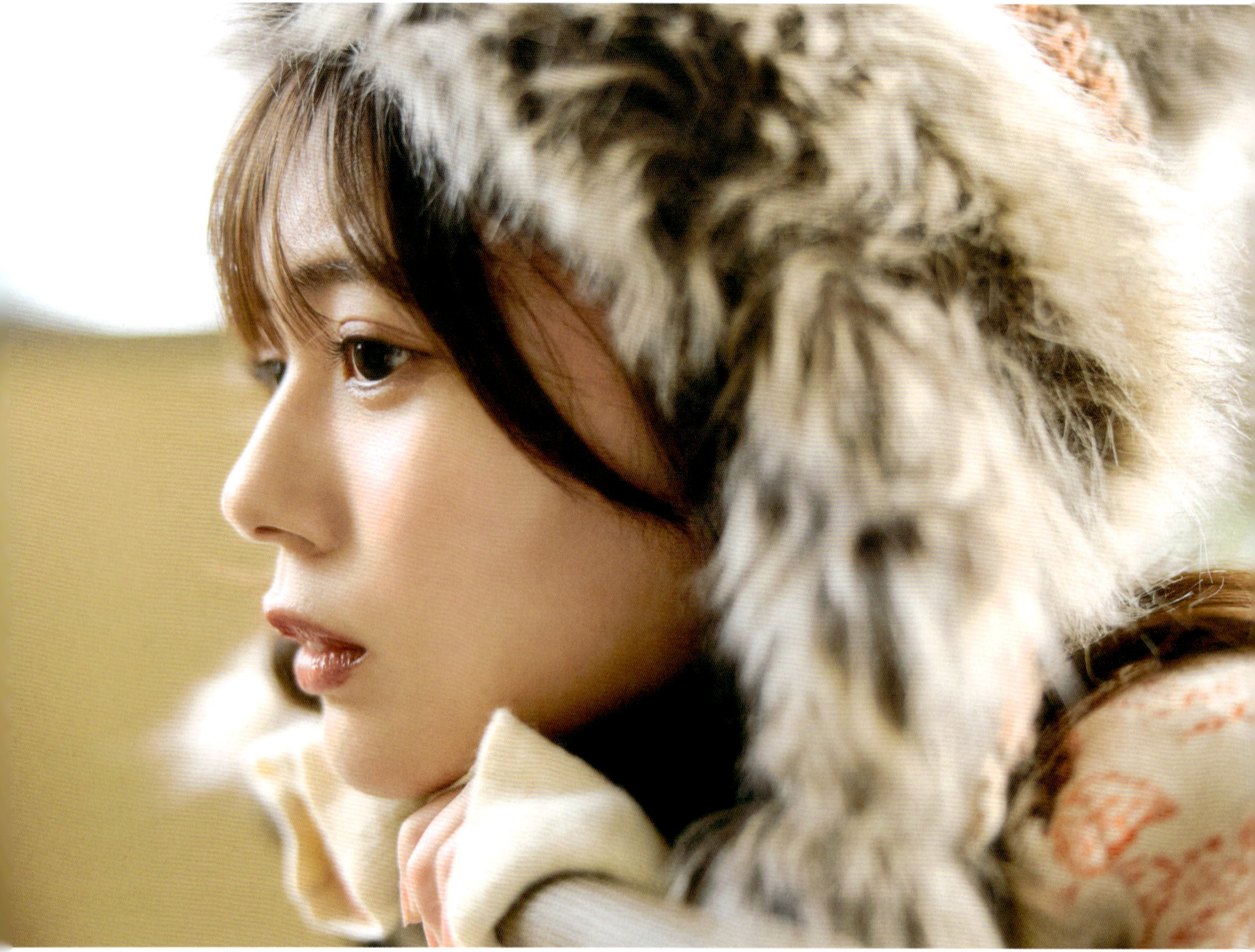

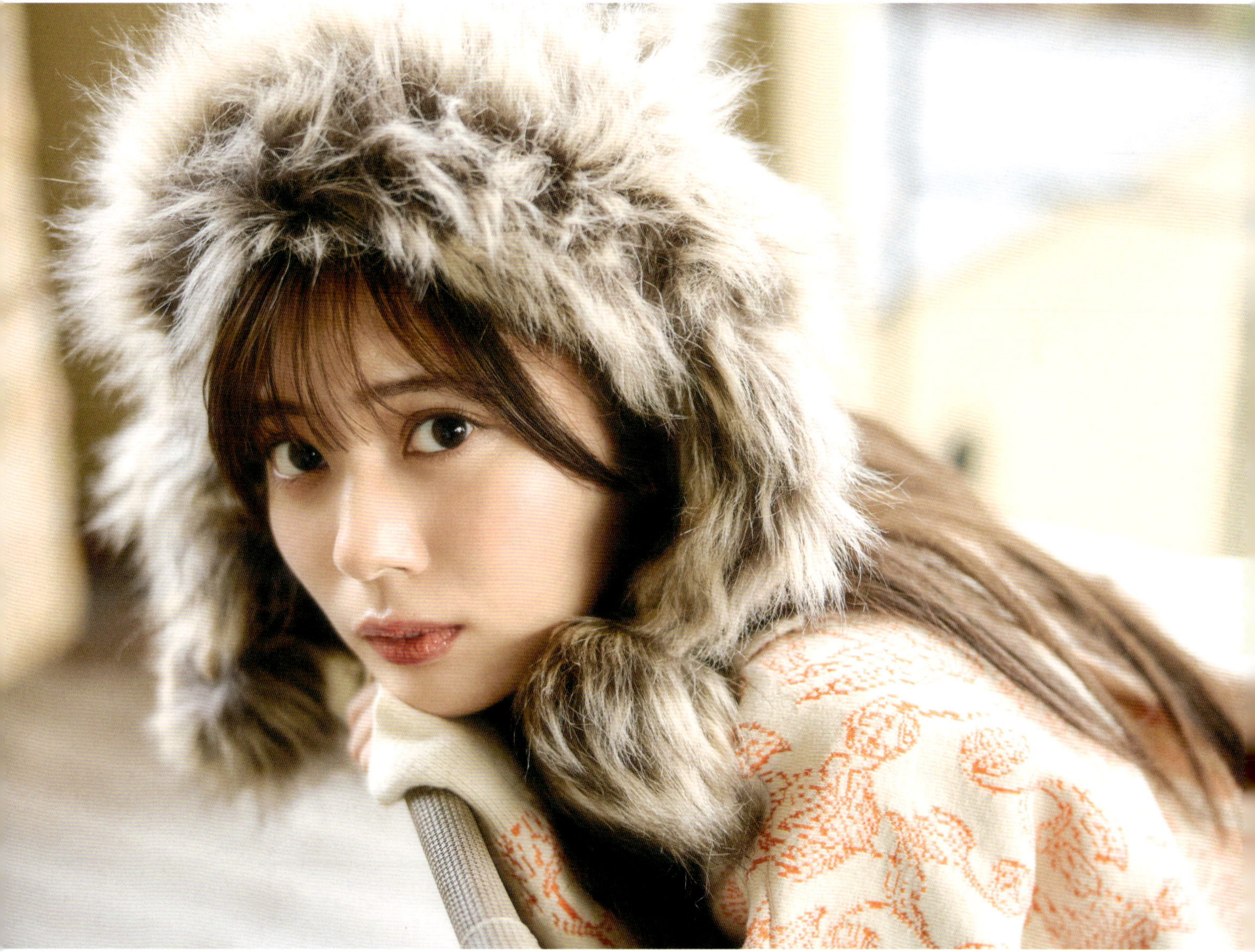

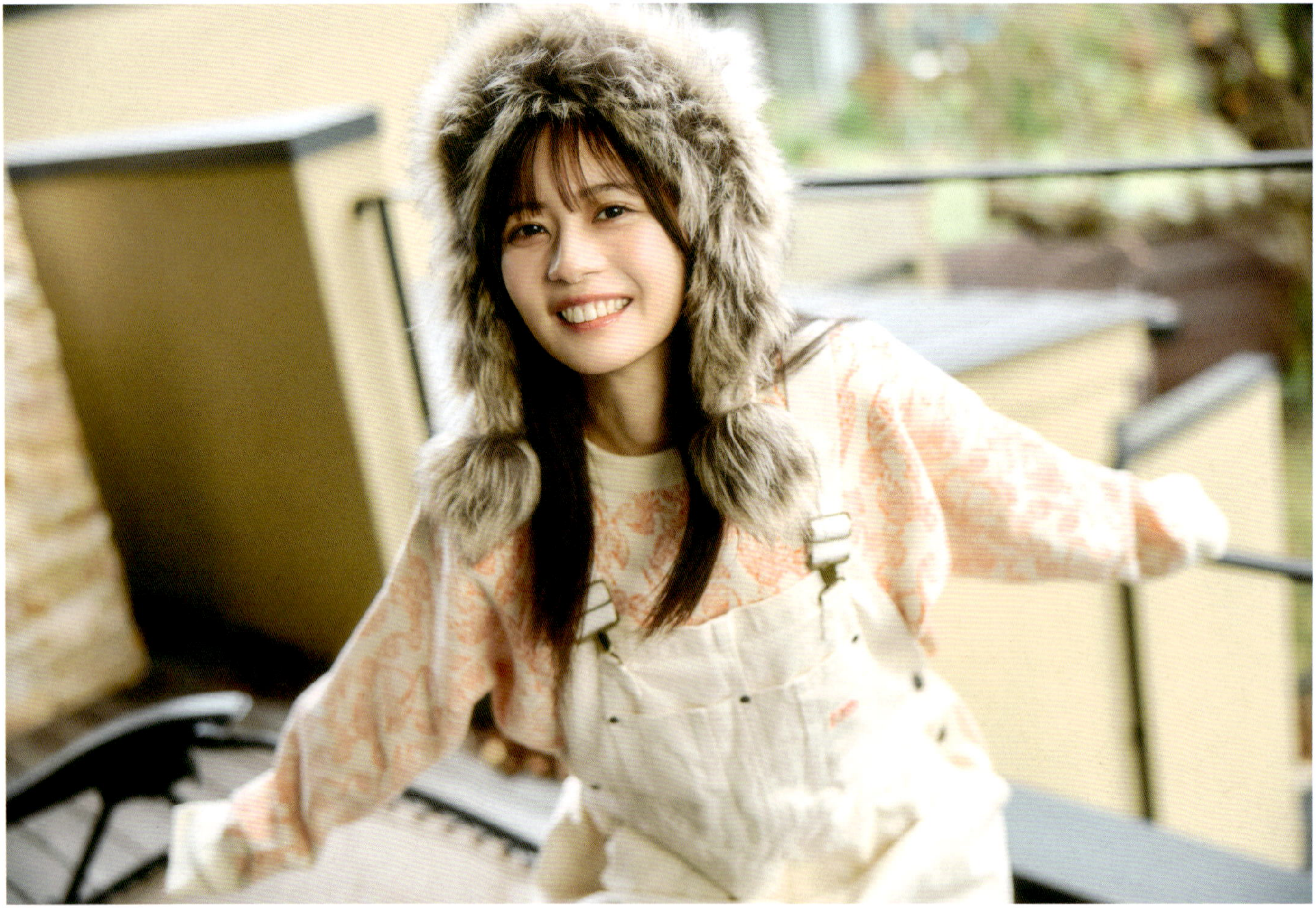

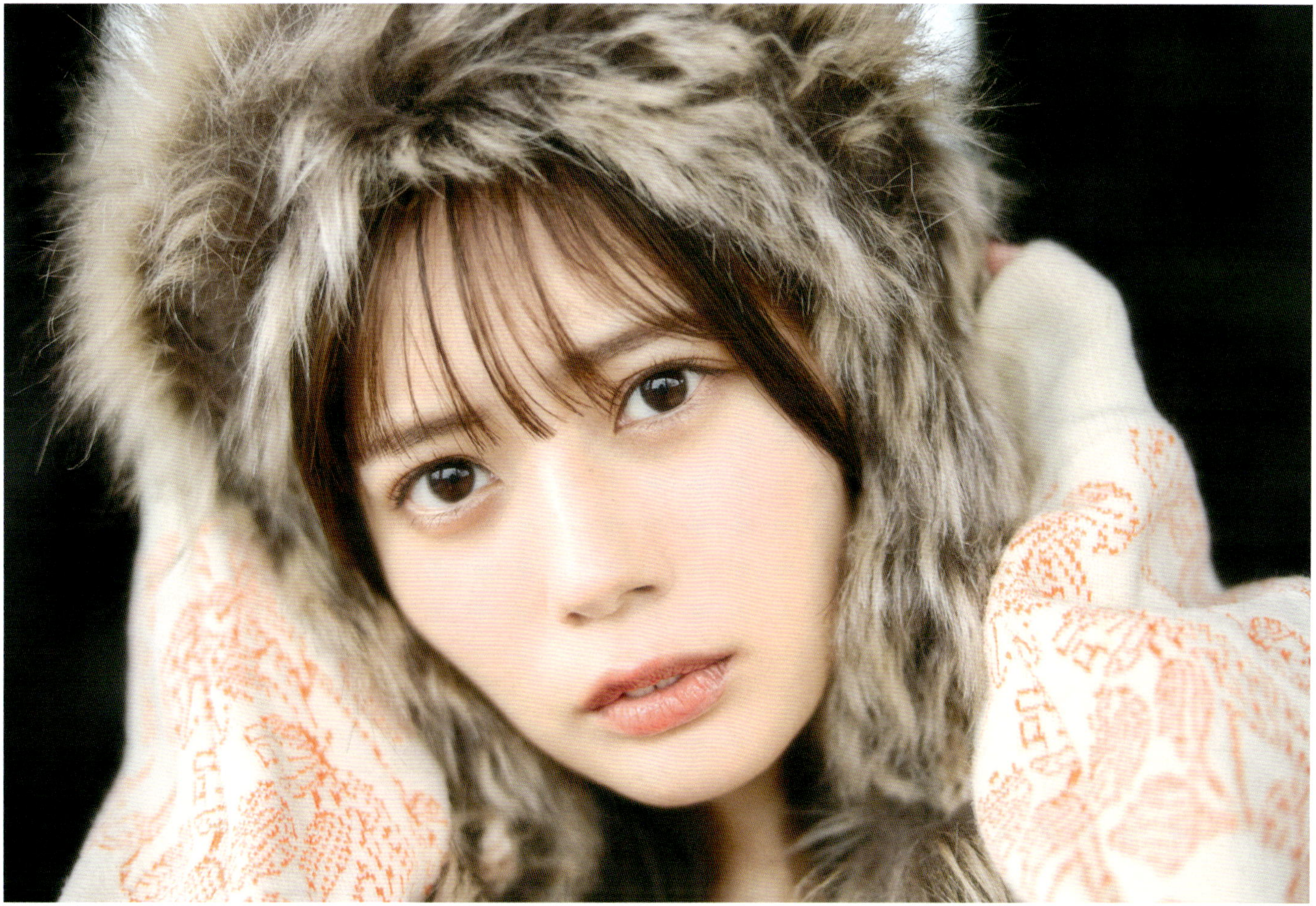

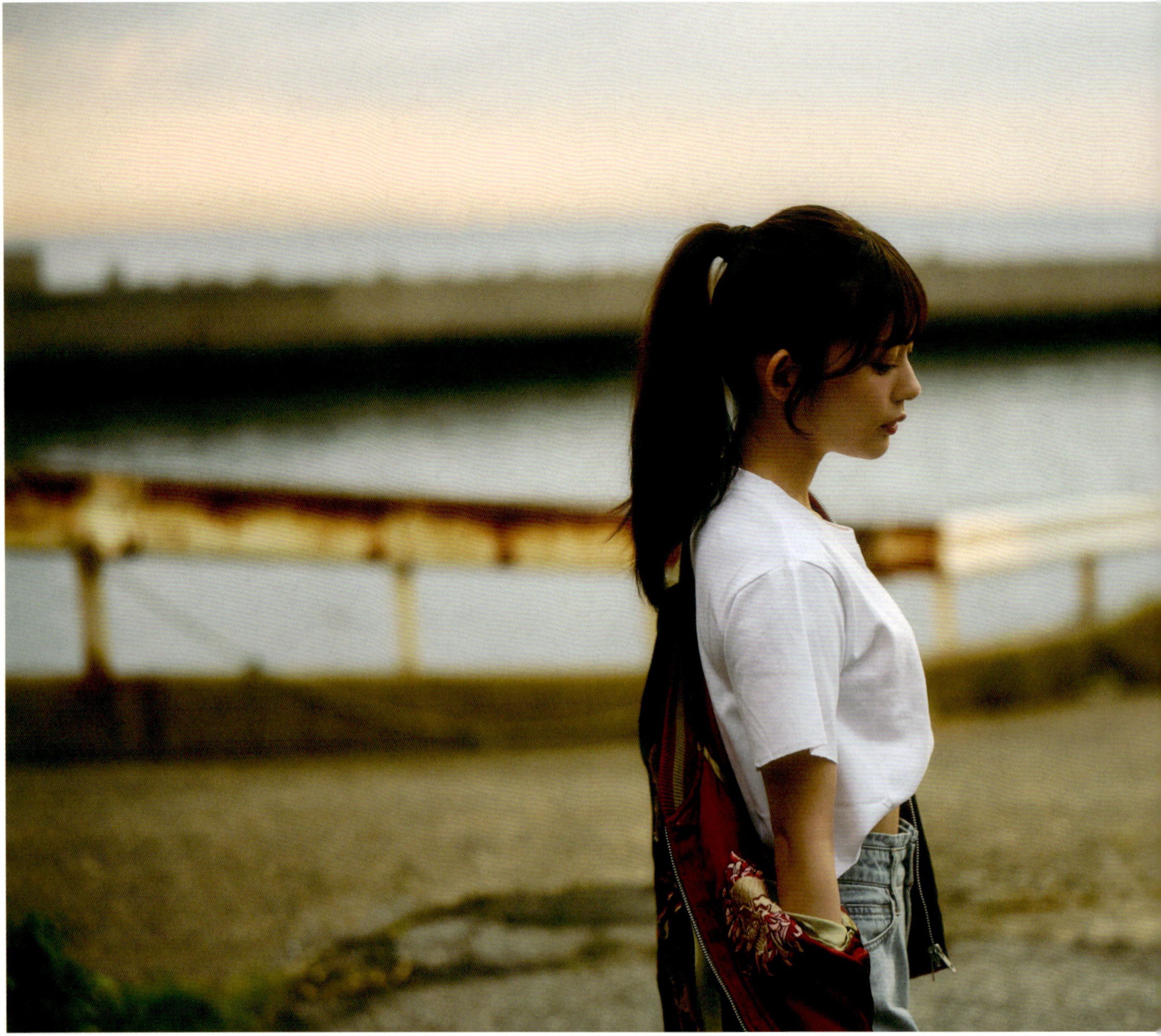

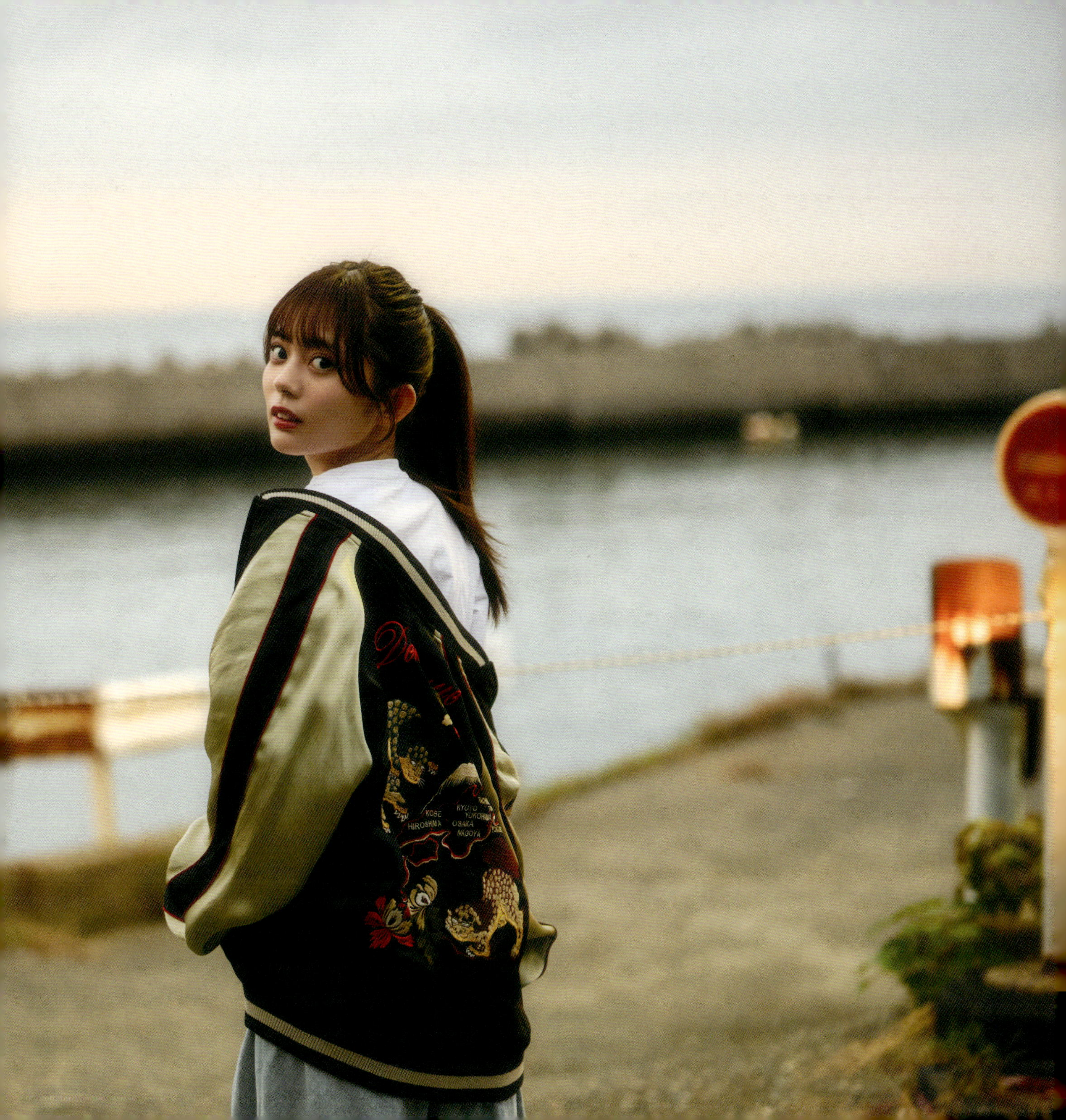
KOBE
KYOTO
HIROSHMA
OSAKA
NAGOYA

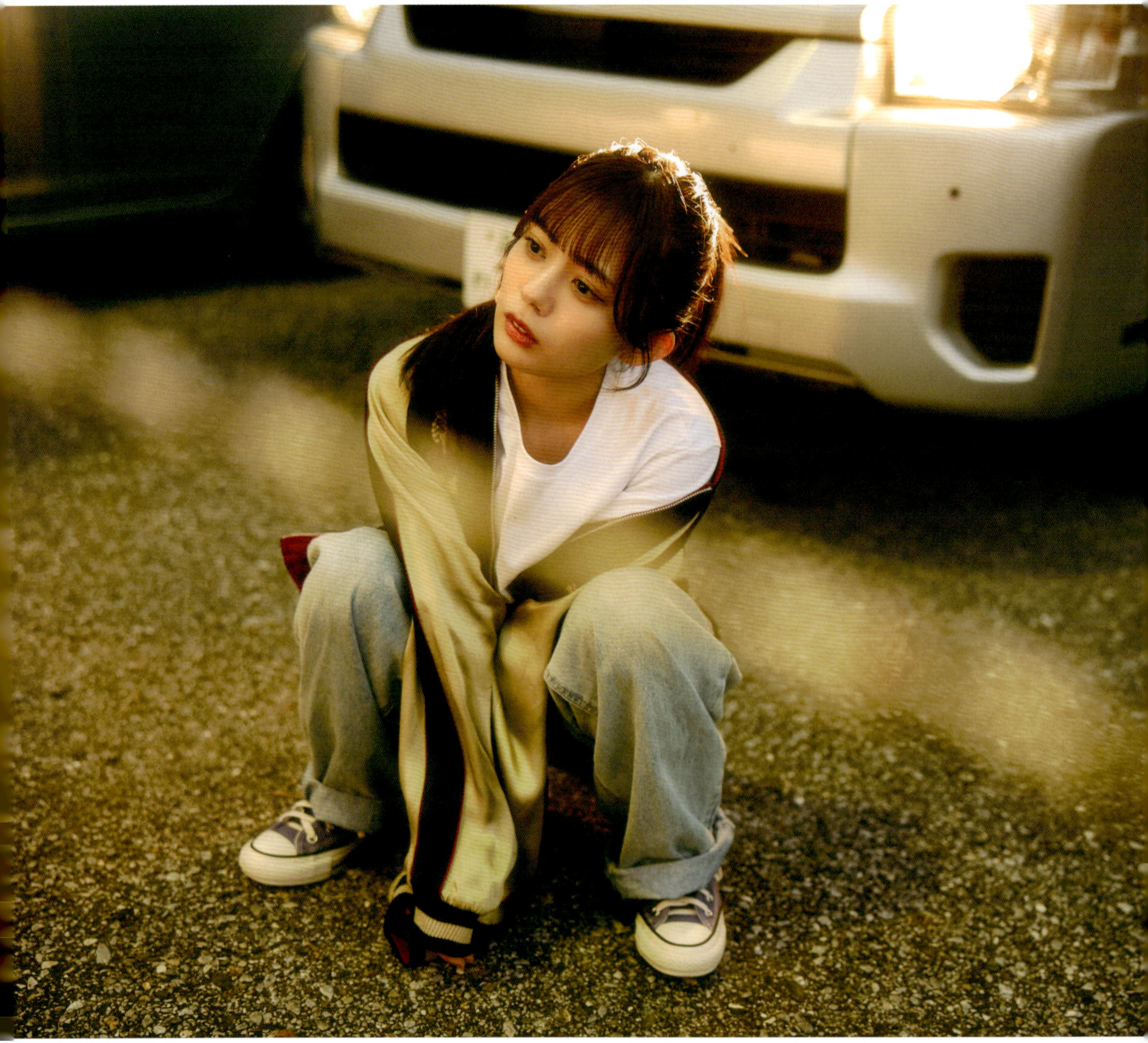

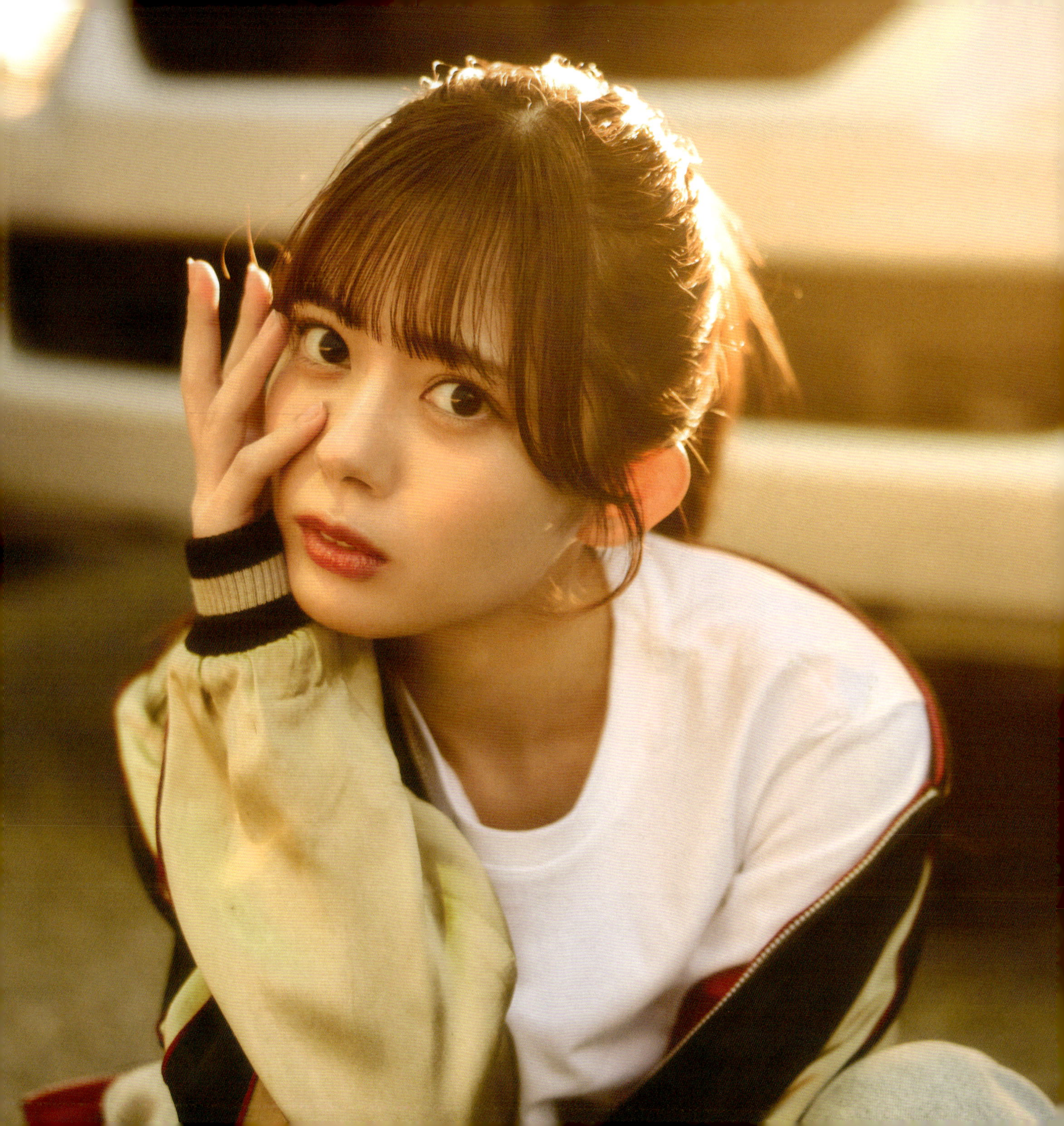

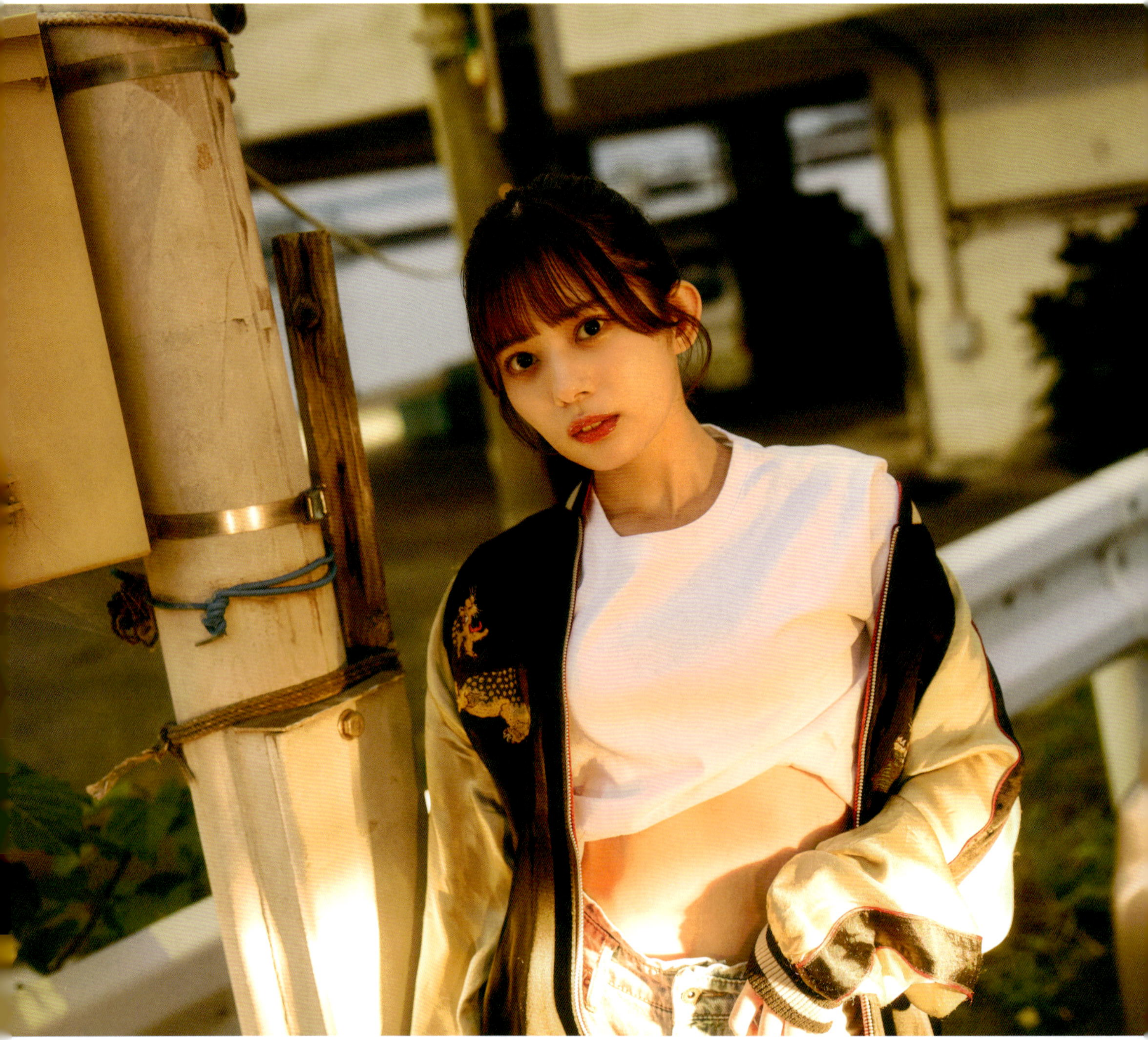

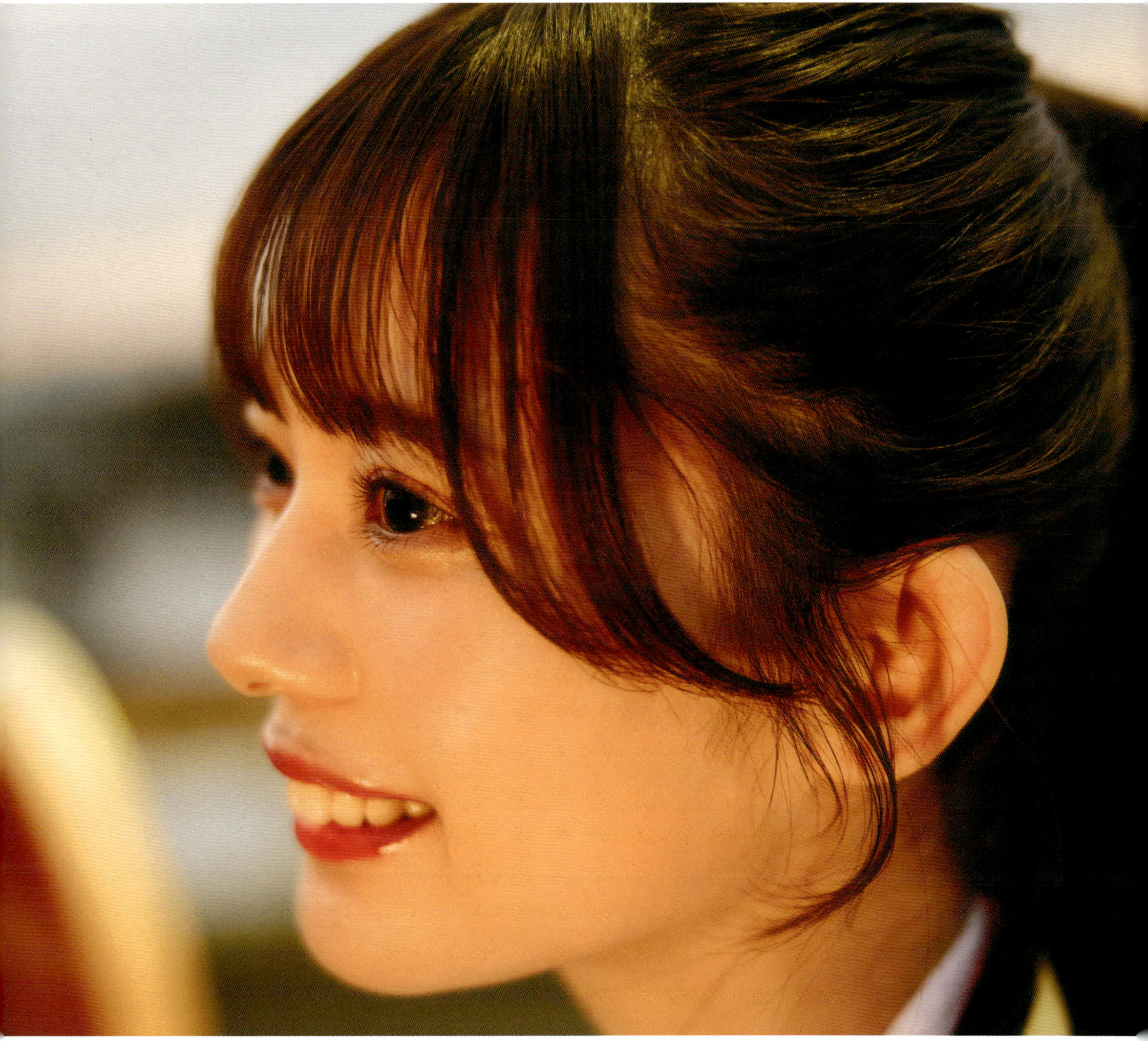

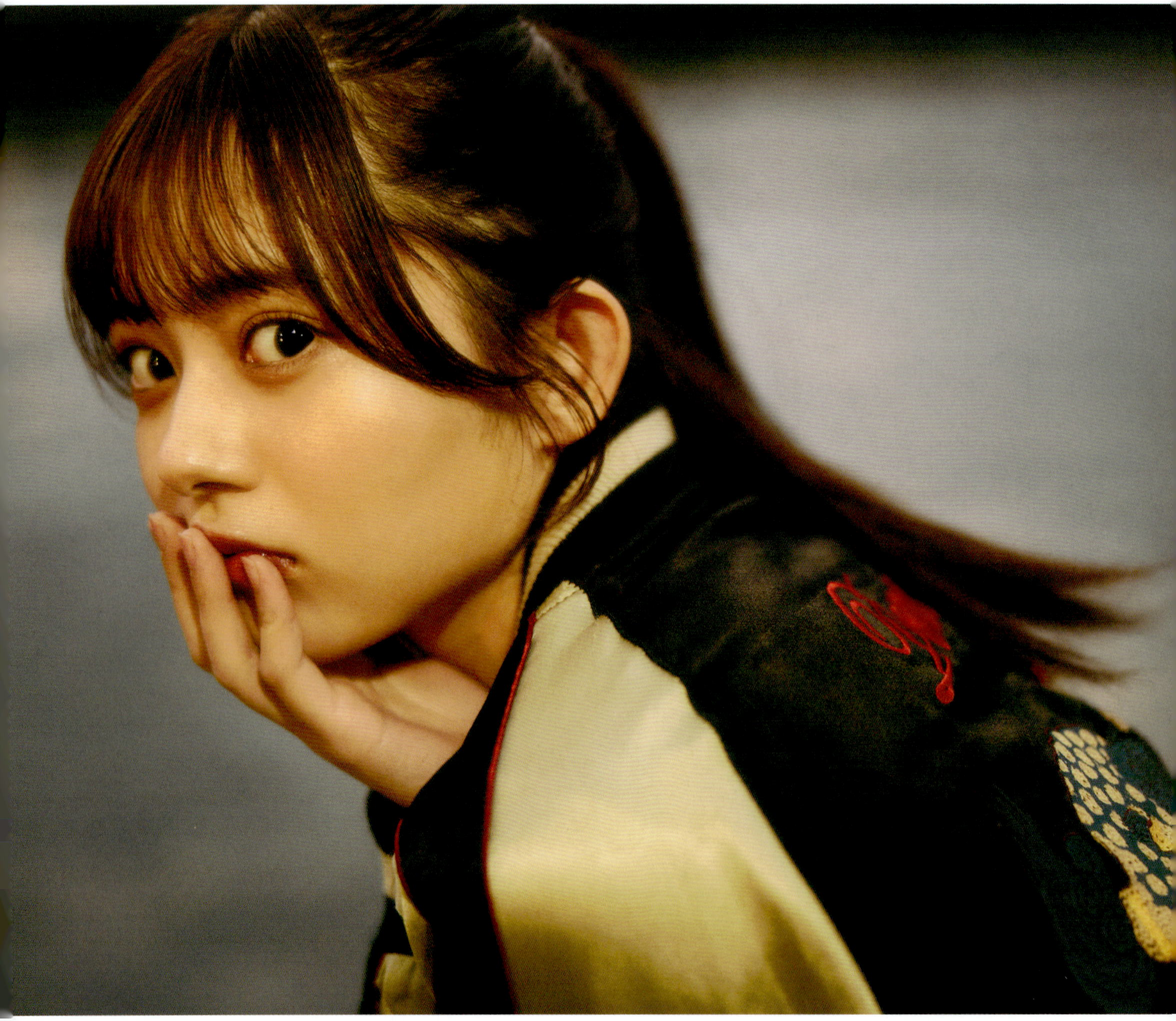

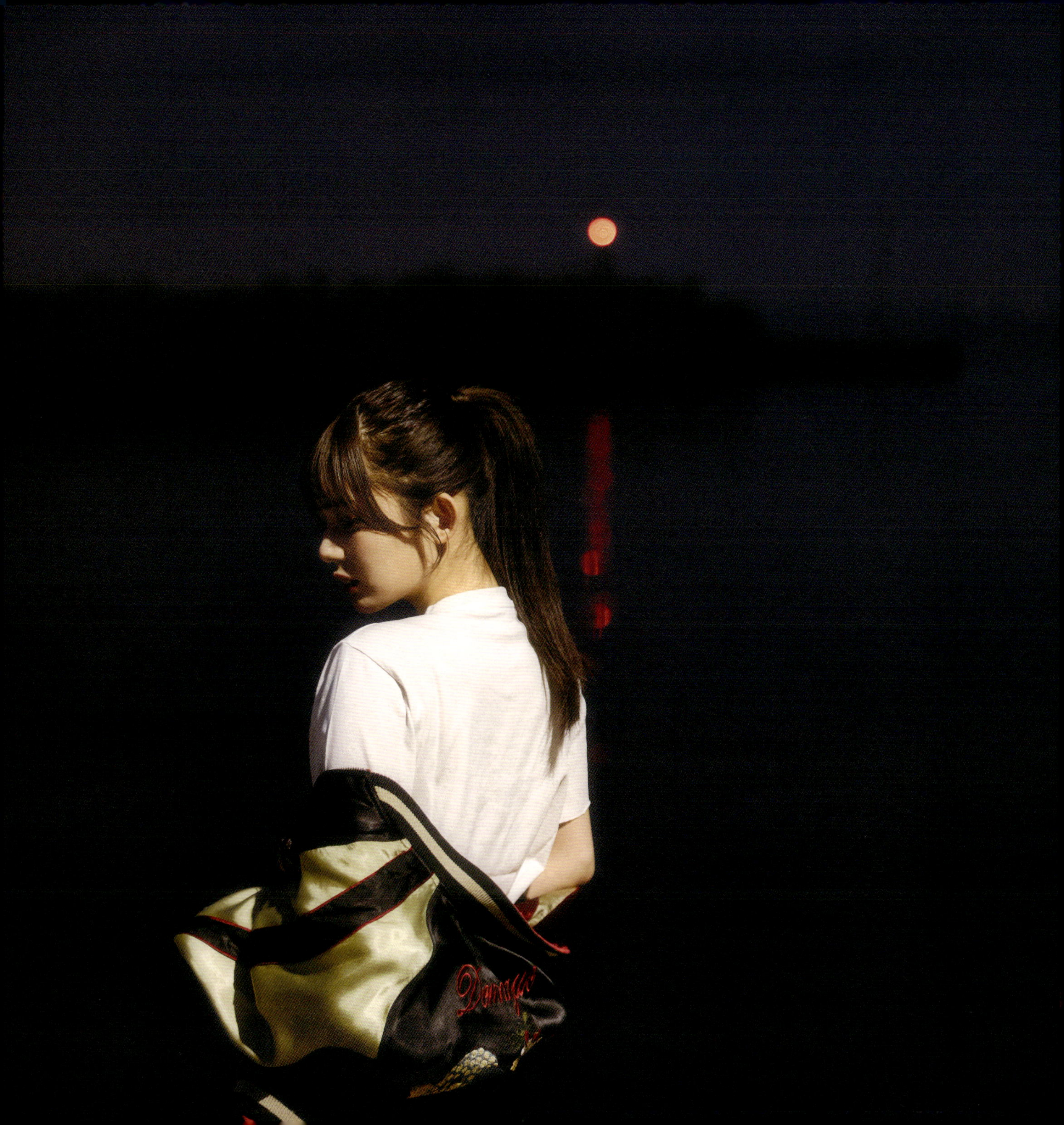

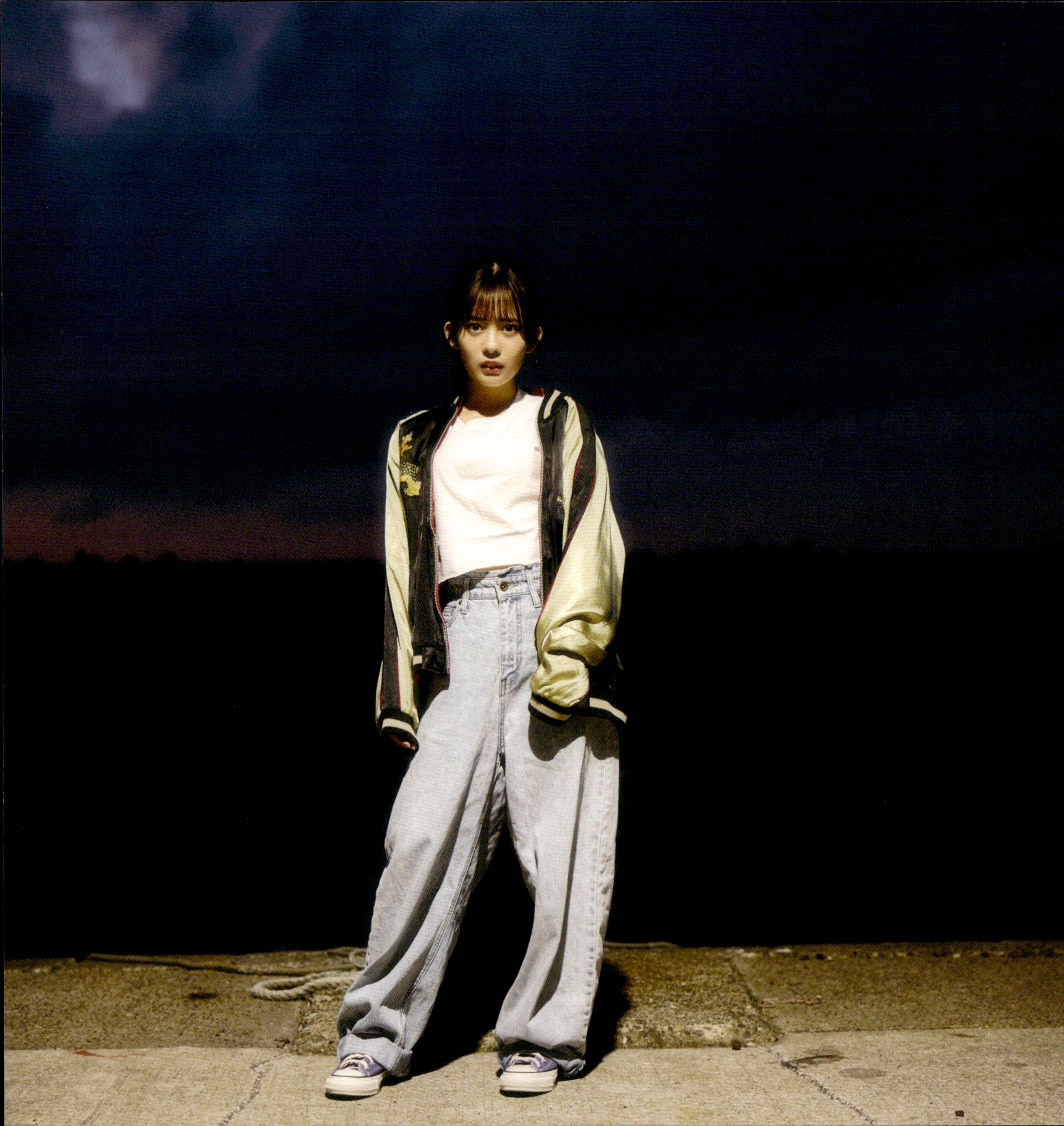

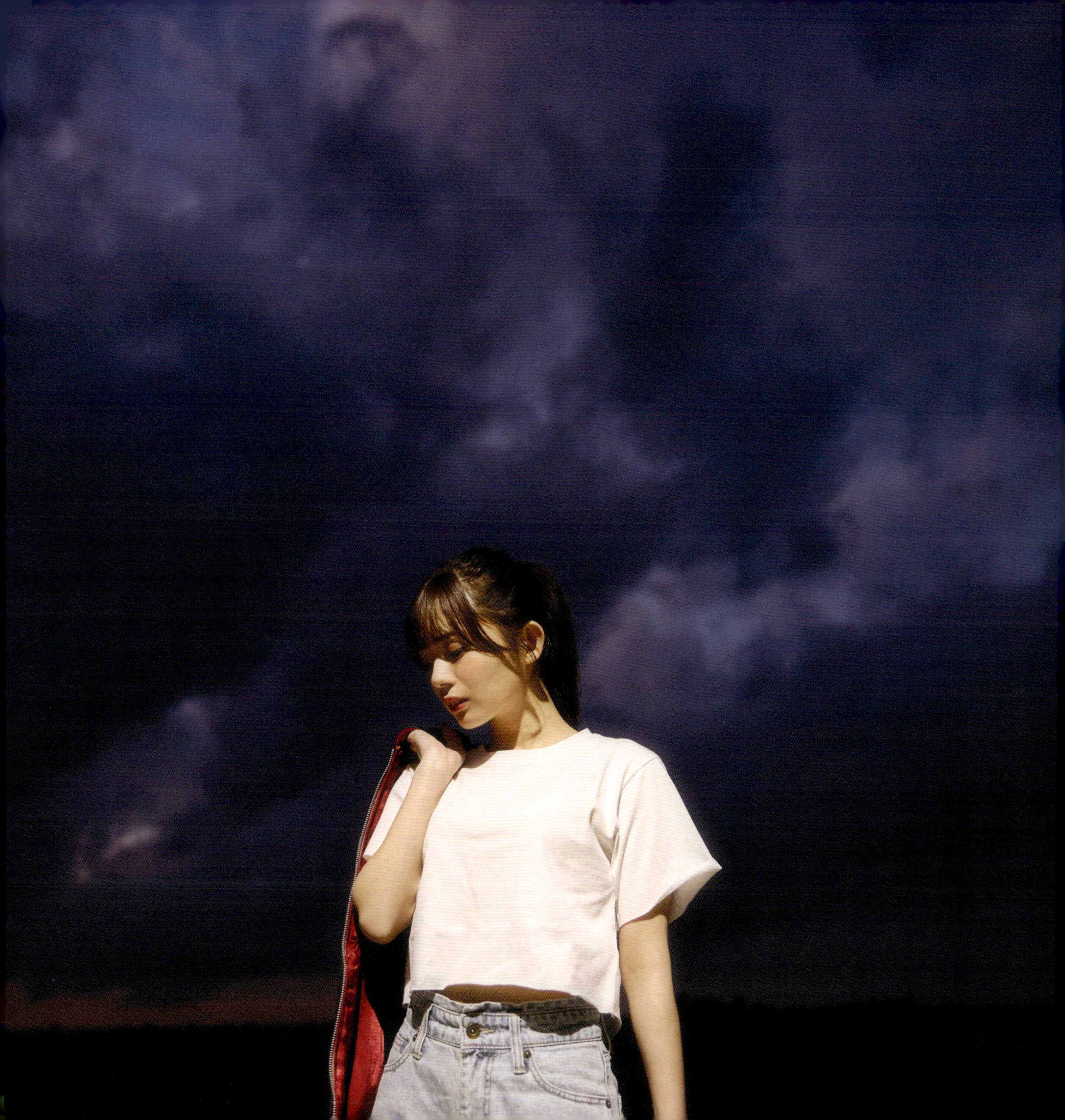

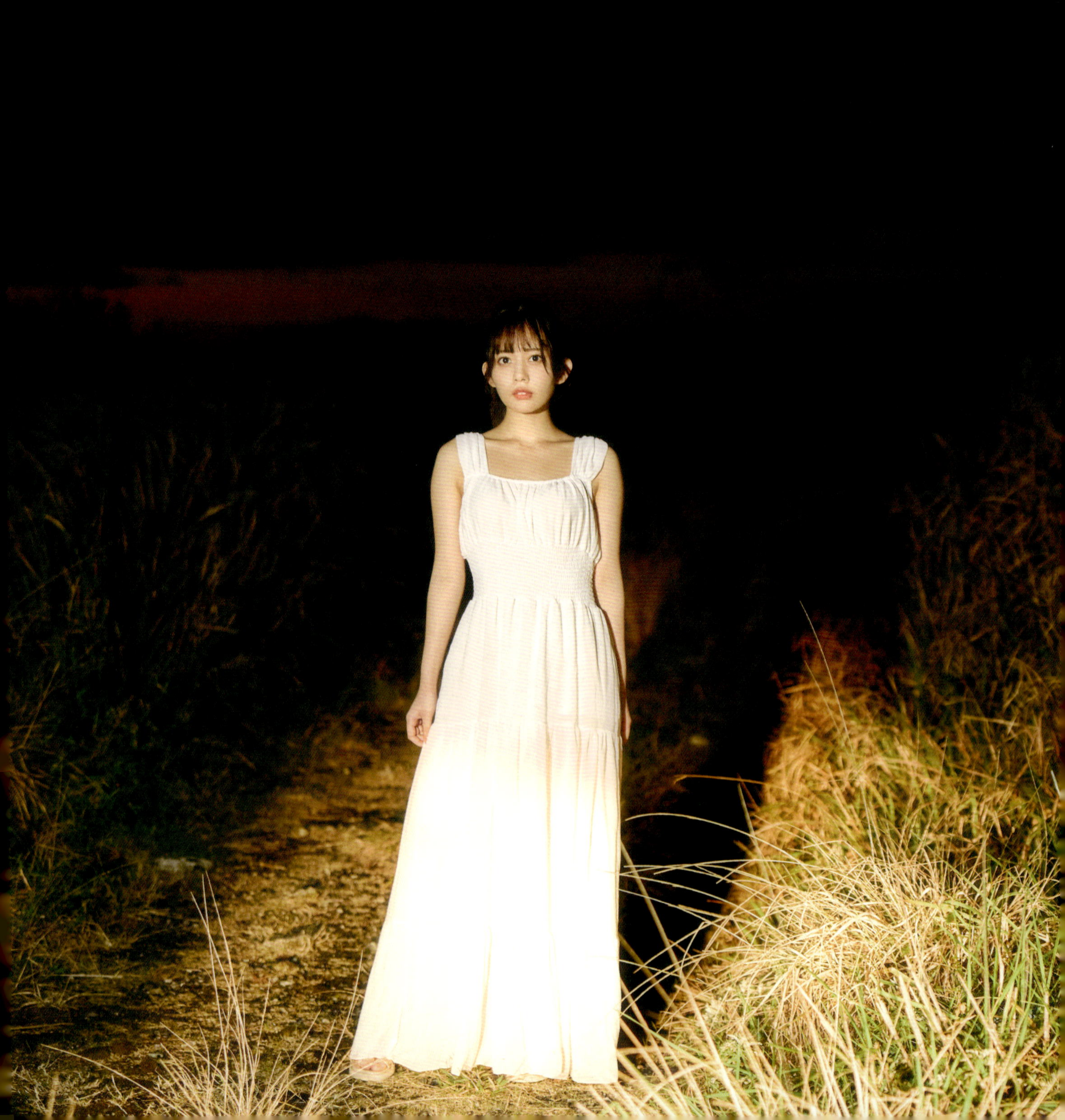

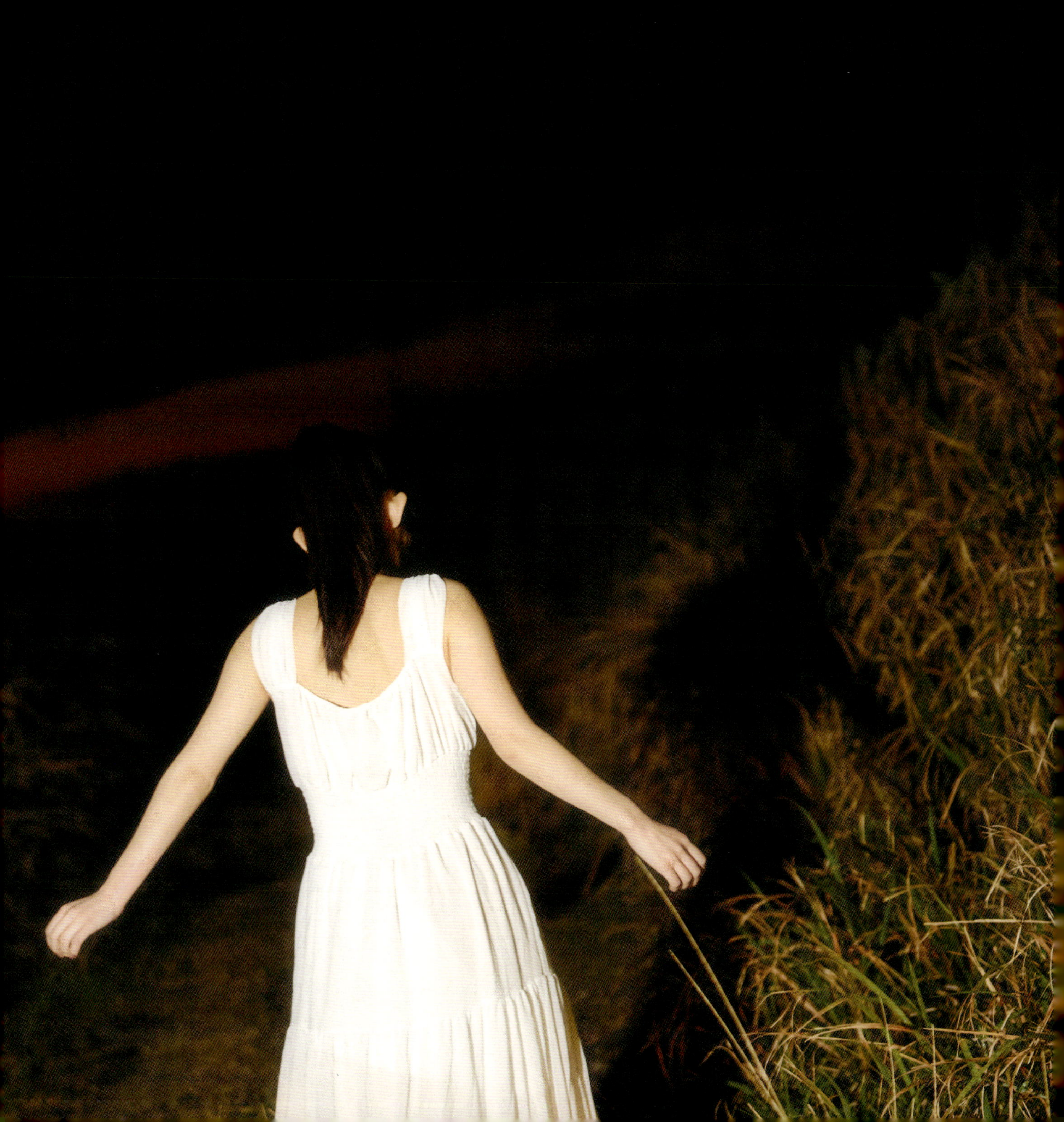

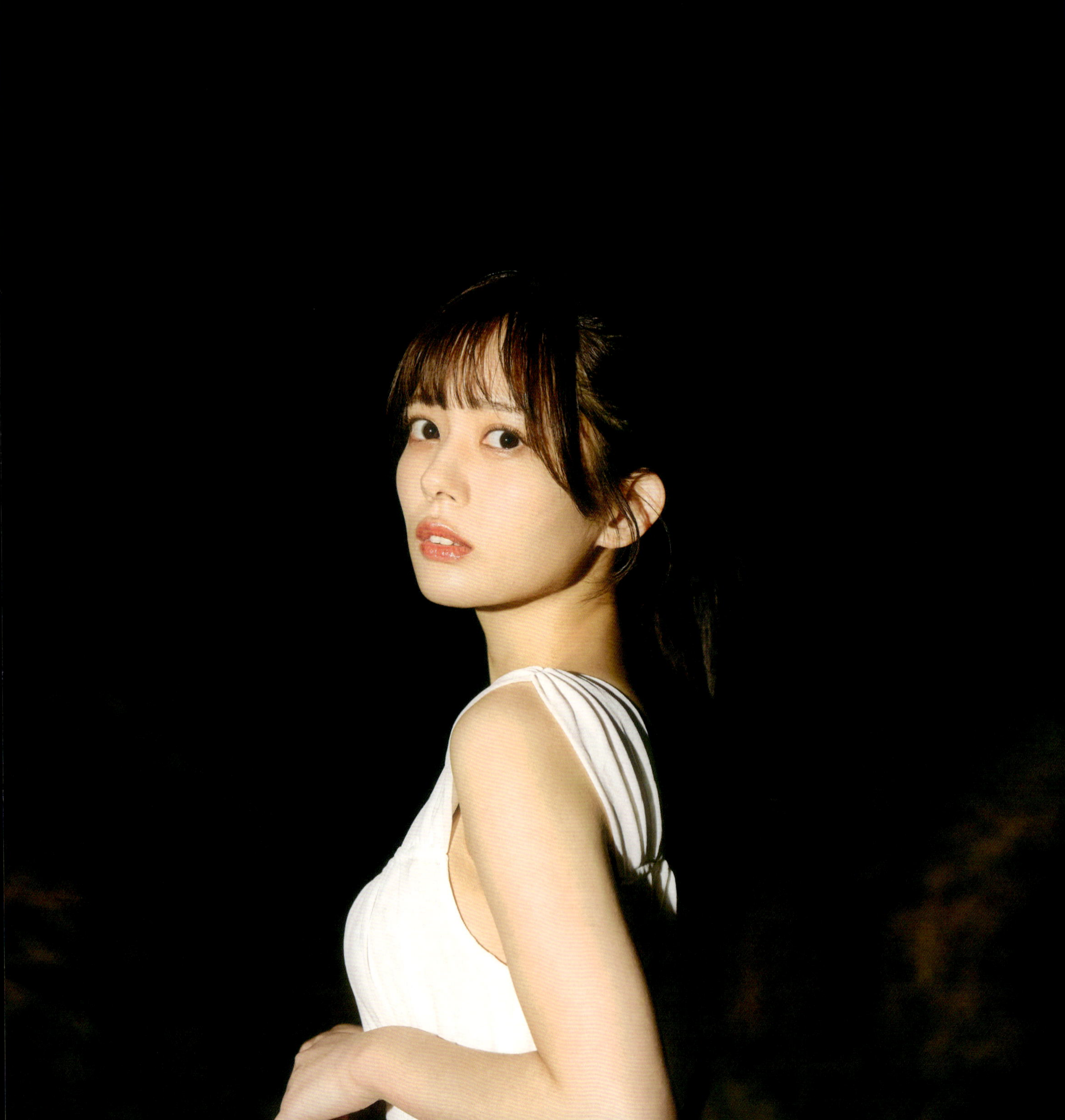

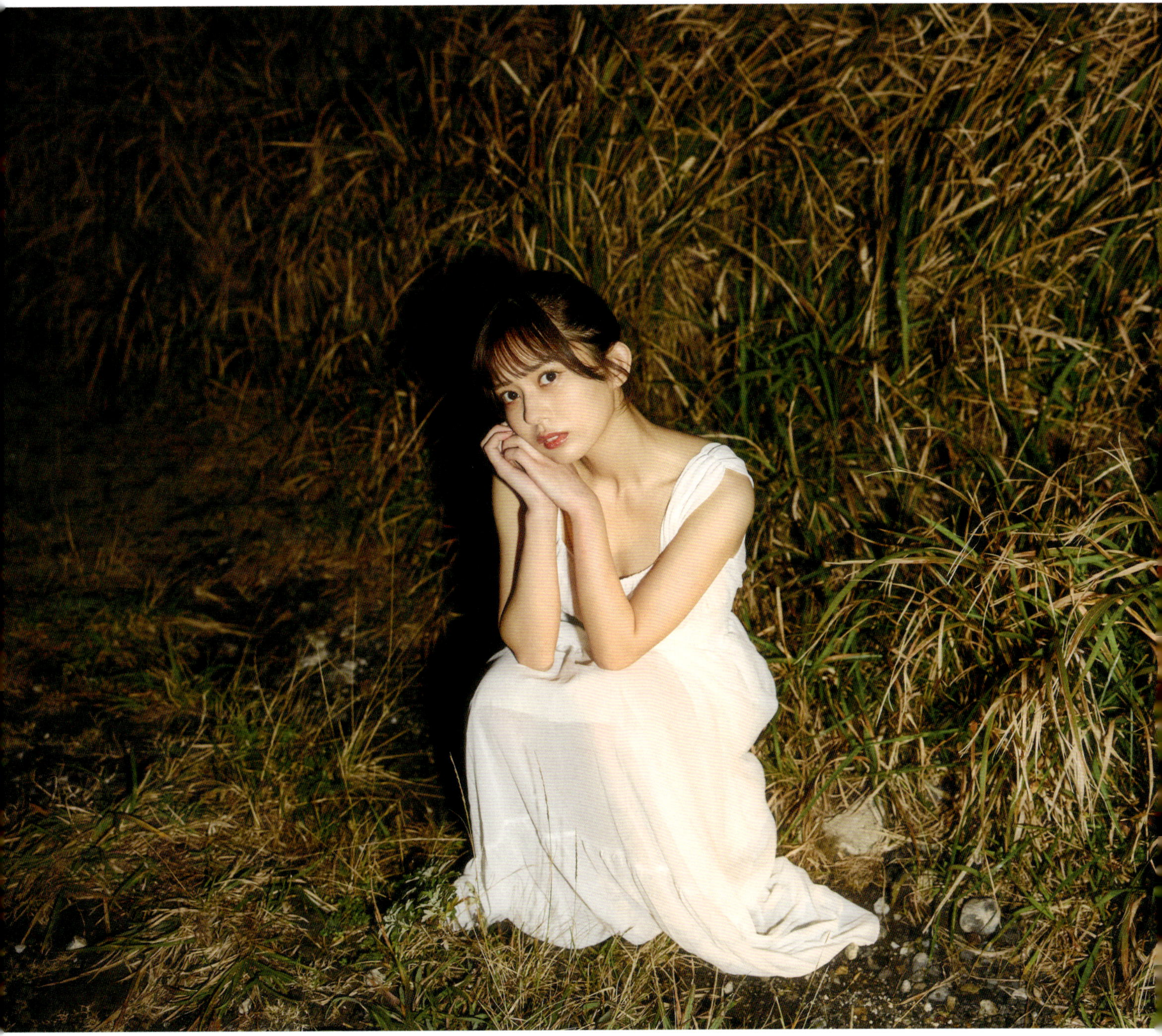

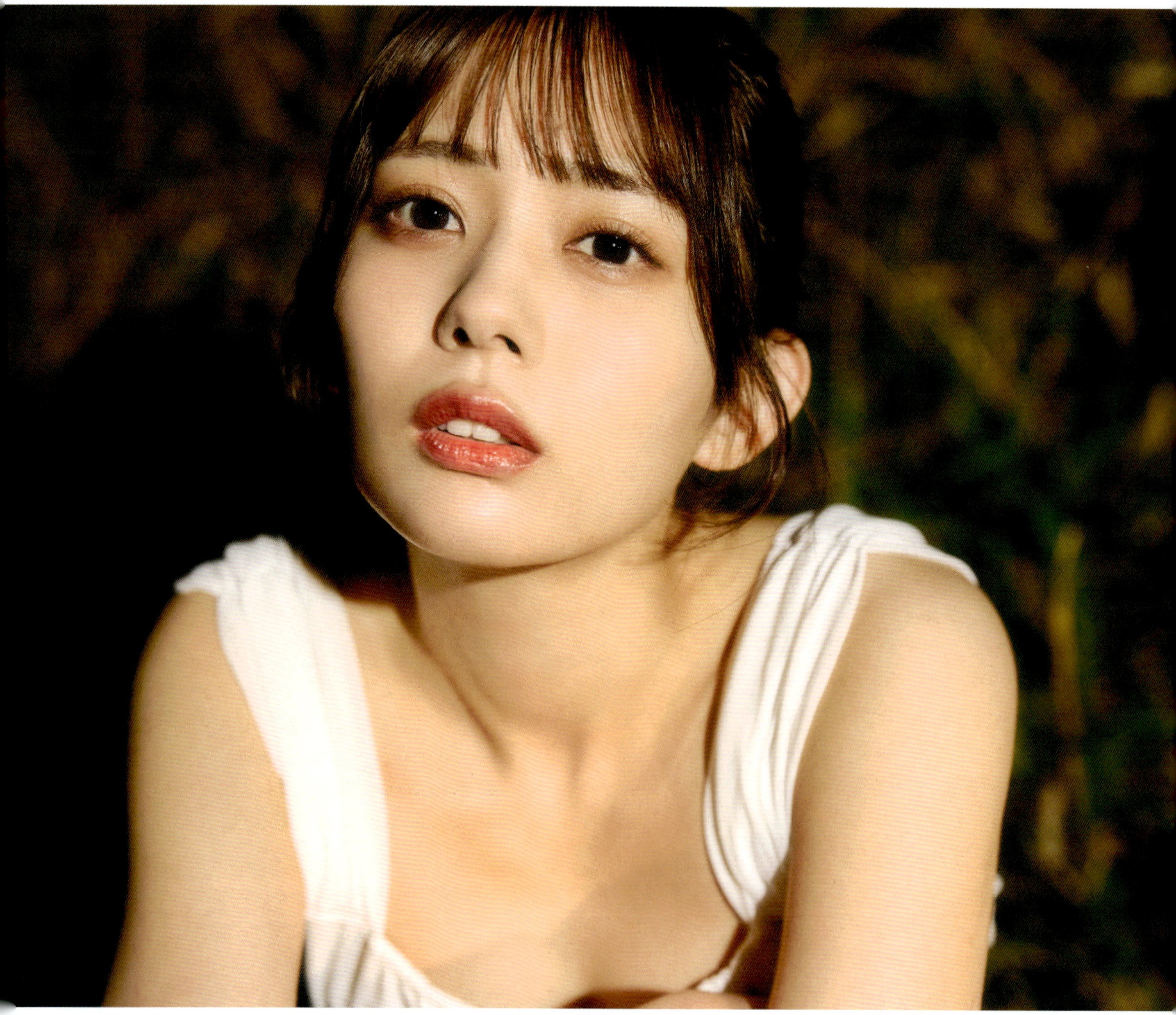

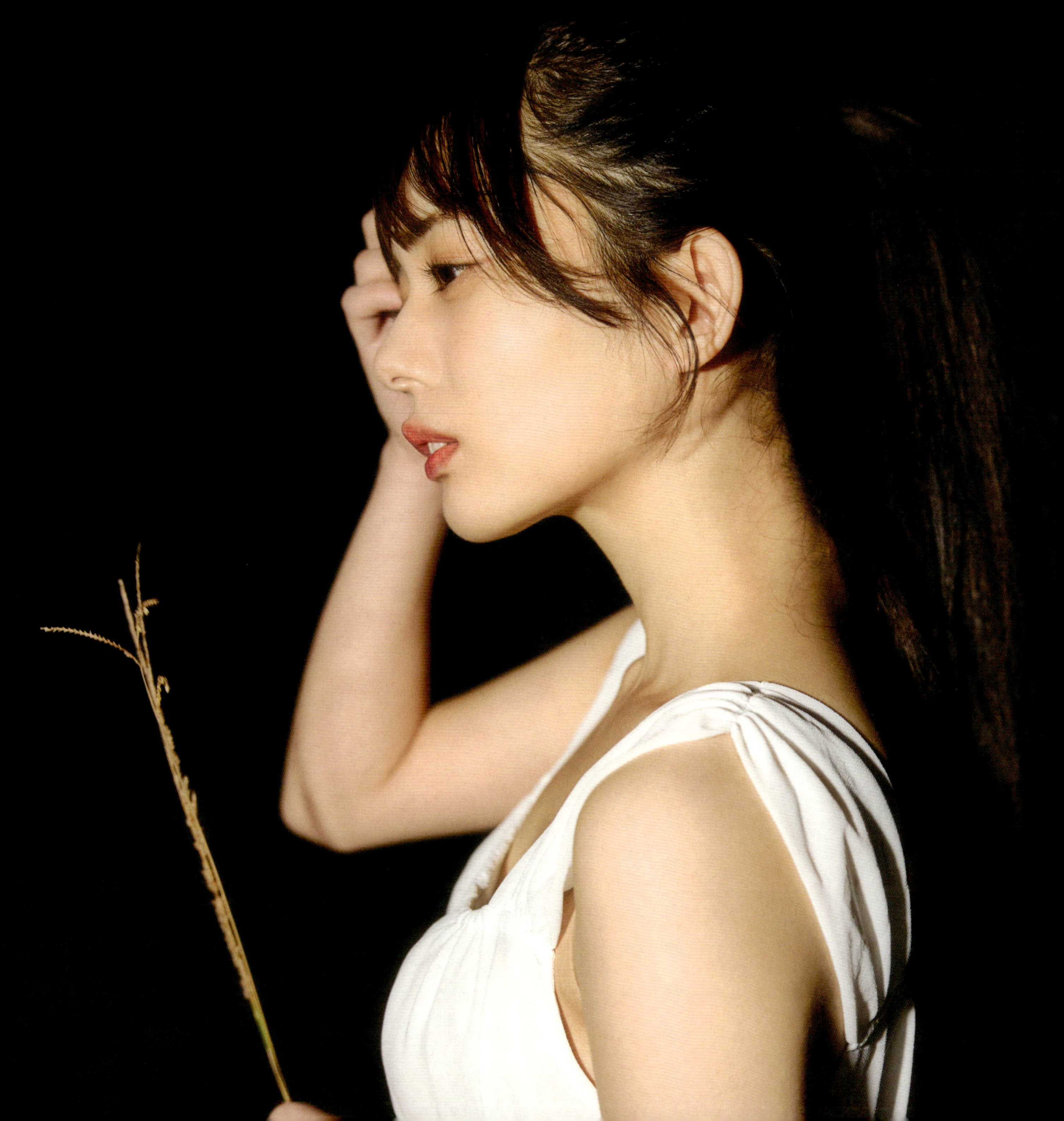

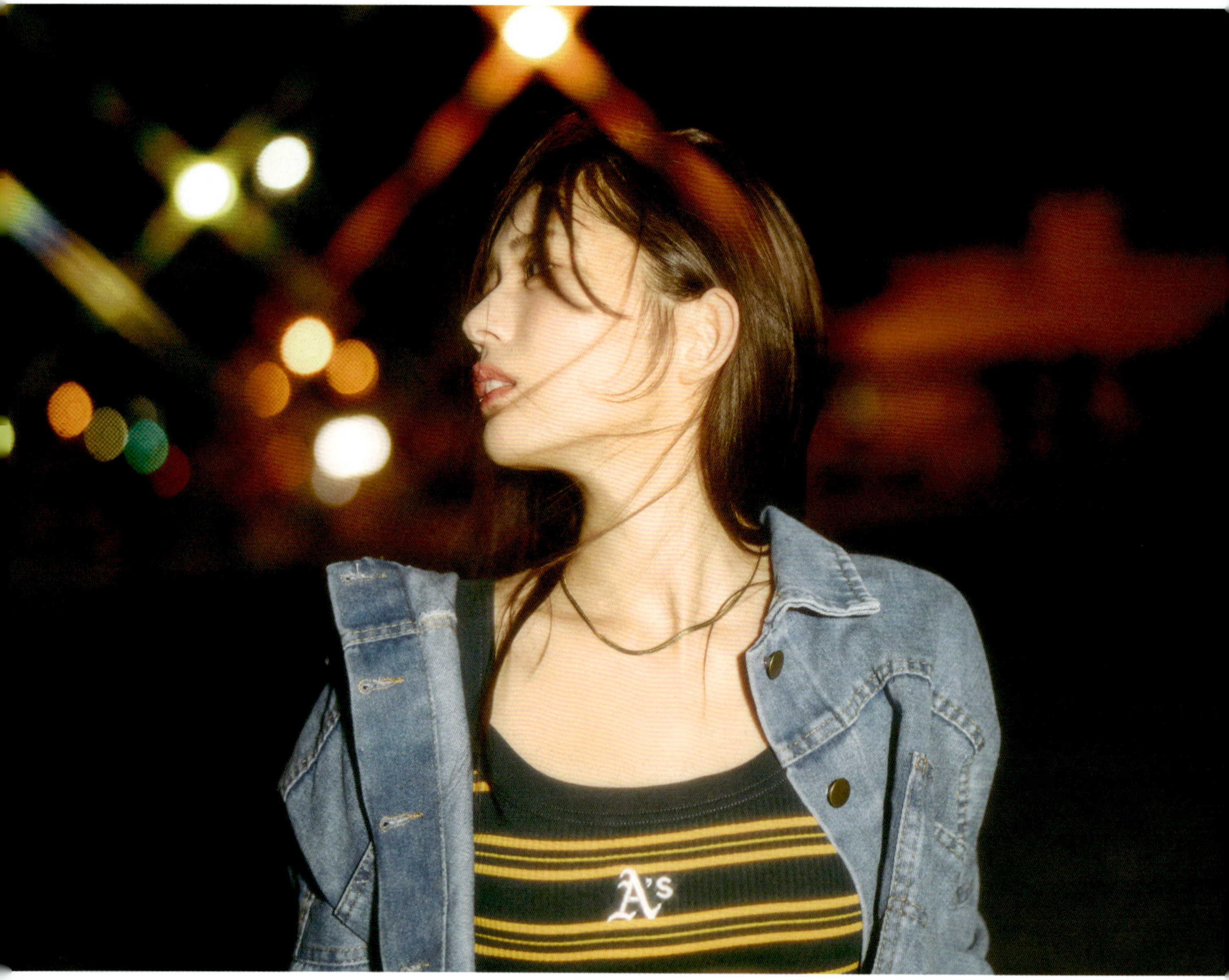
A's

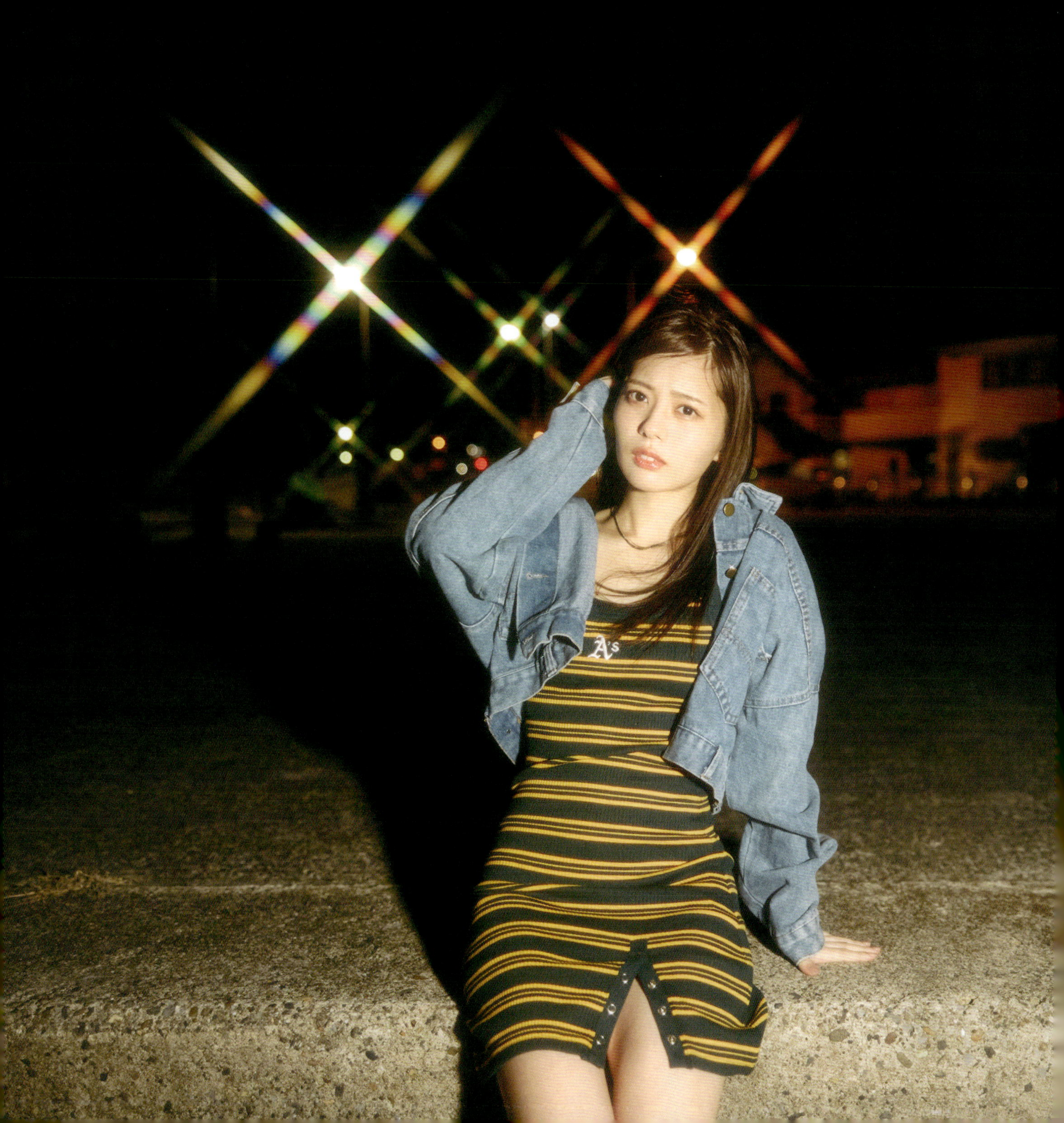

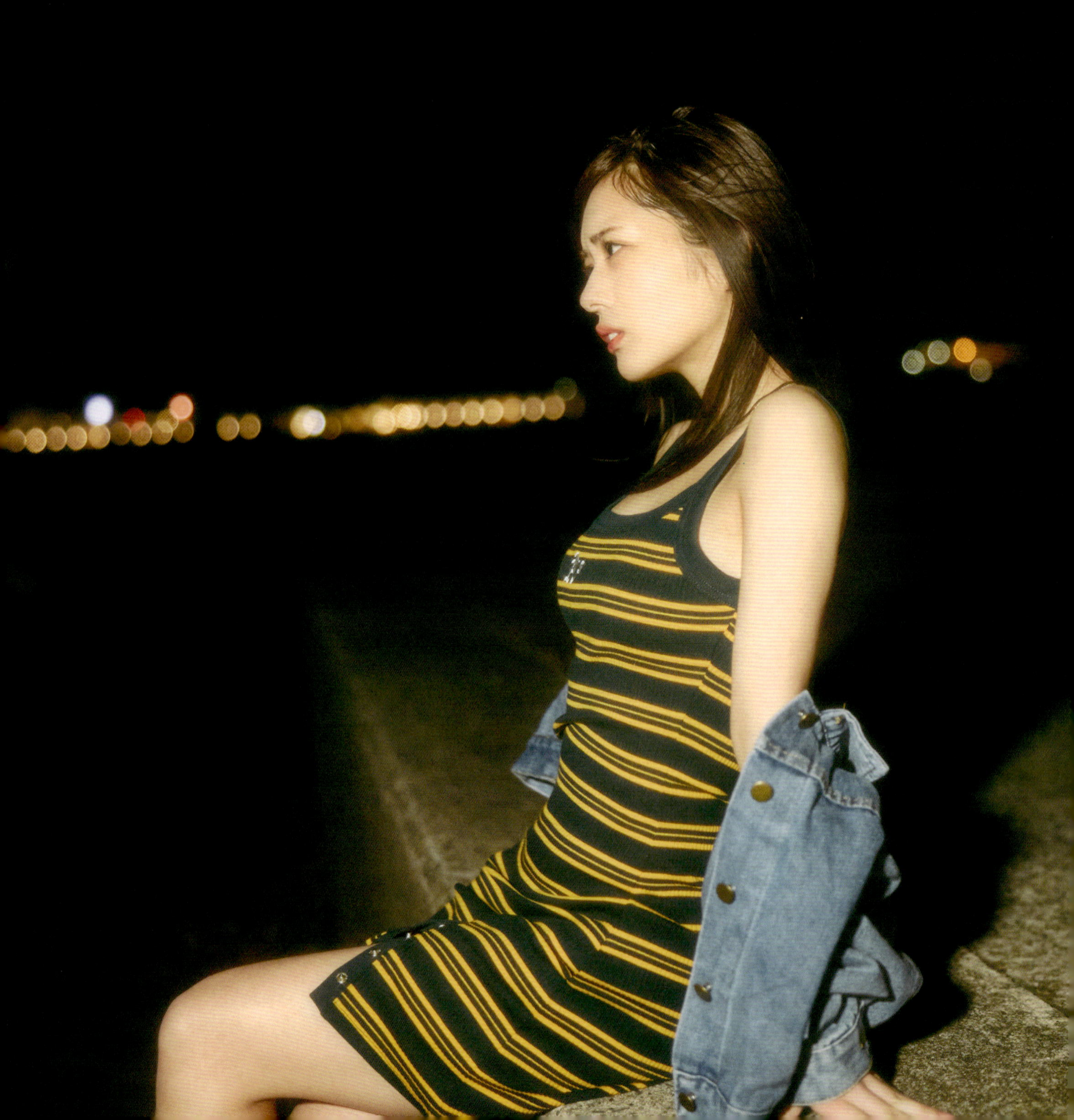

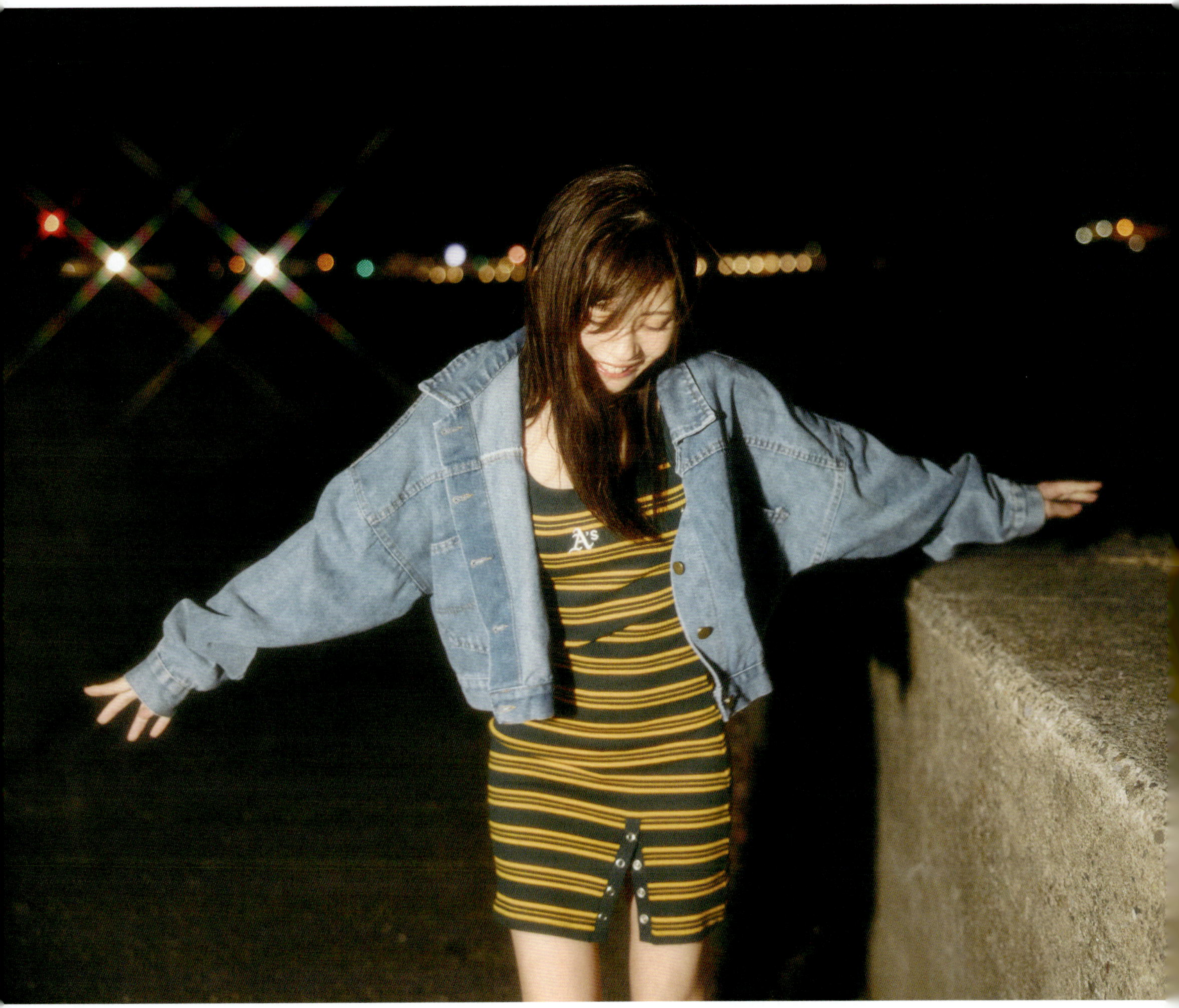
A's

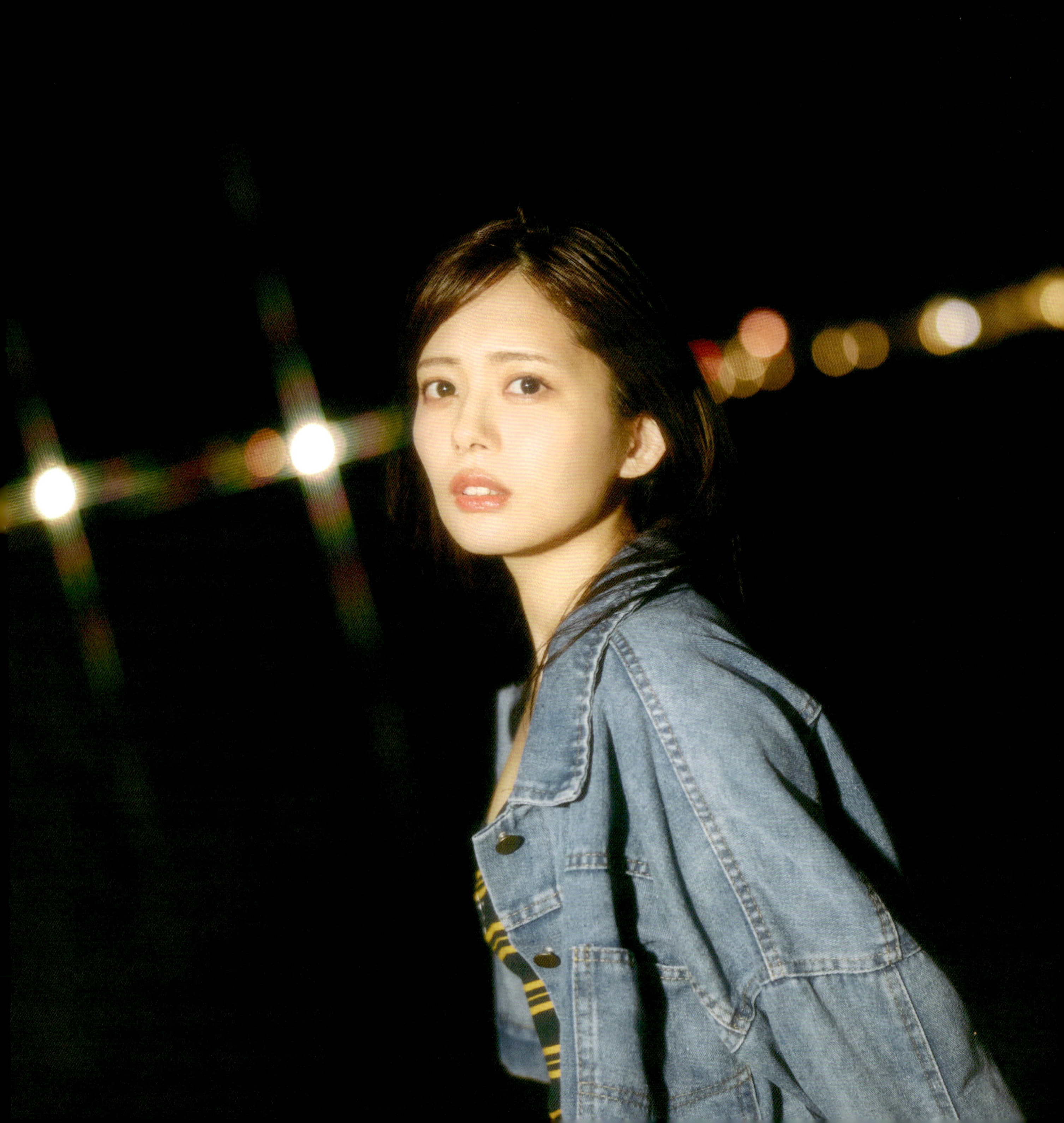

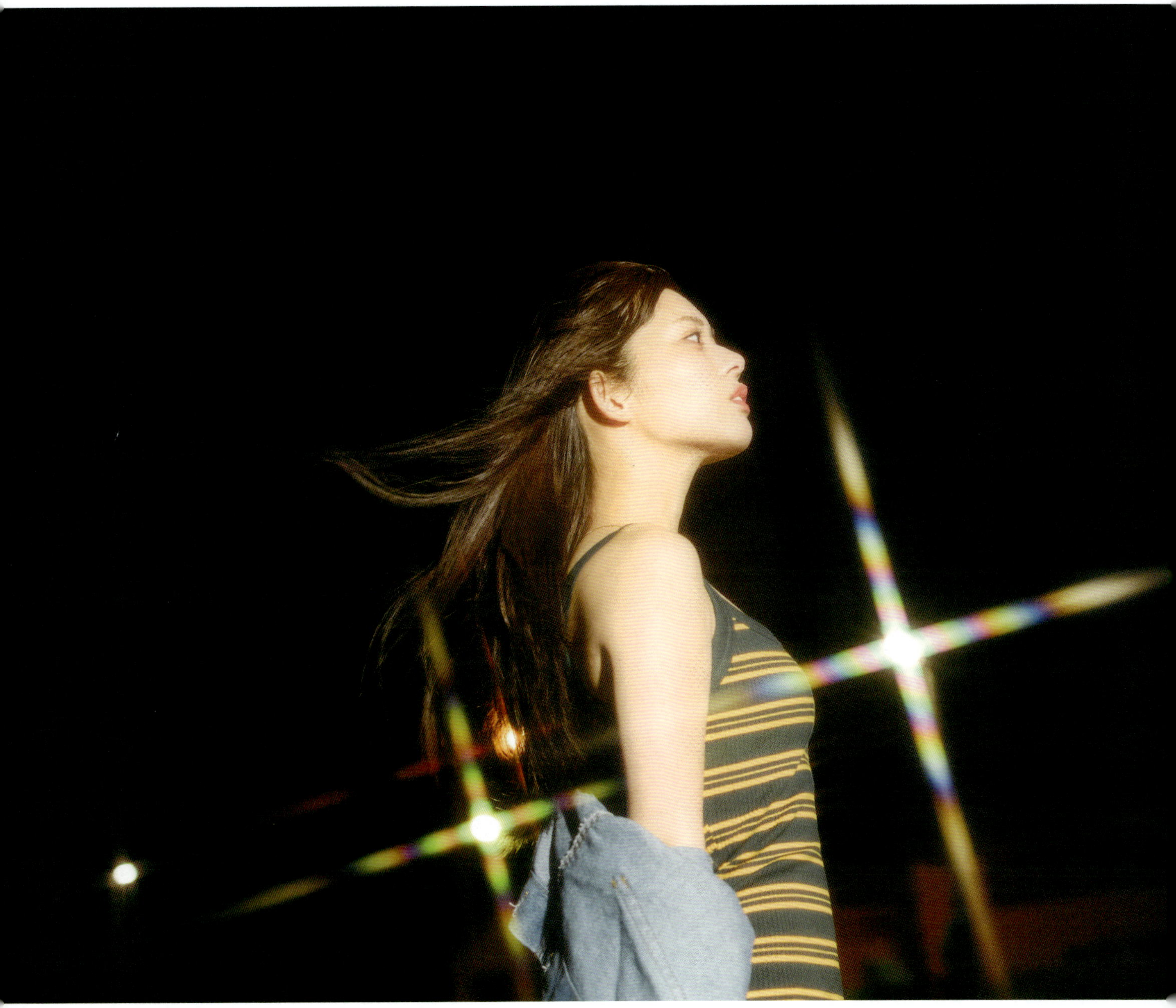

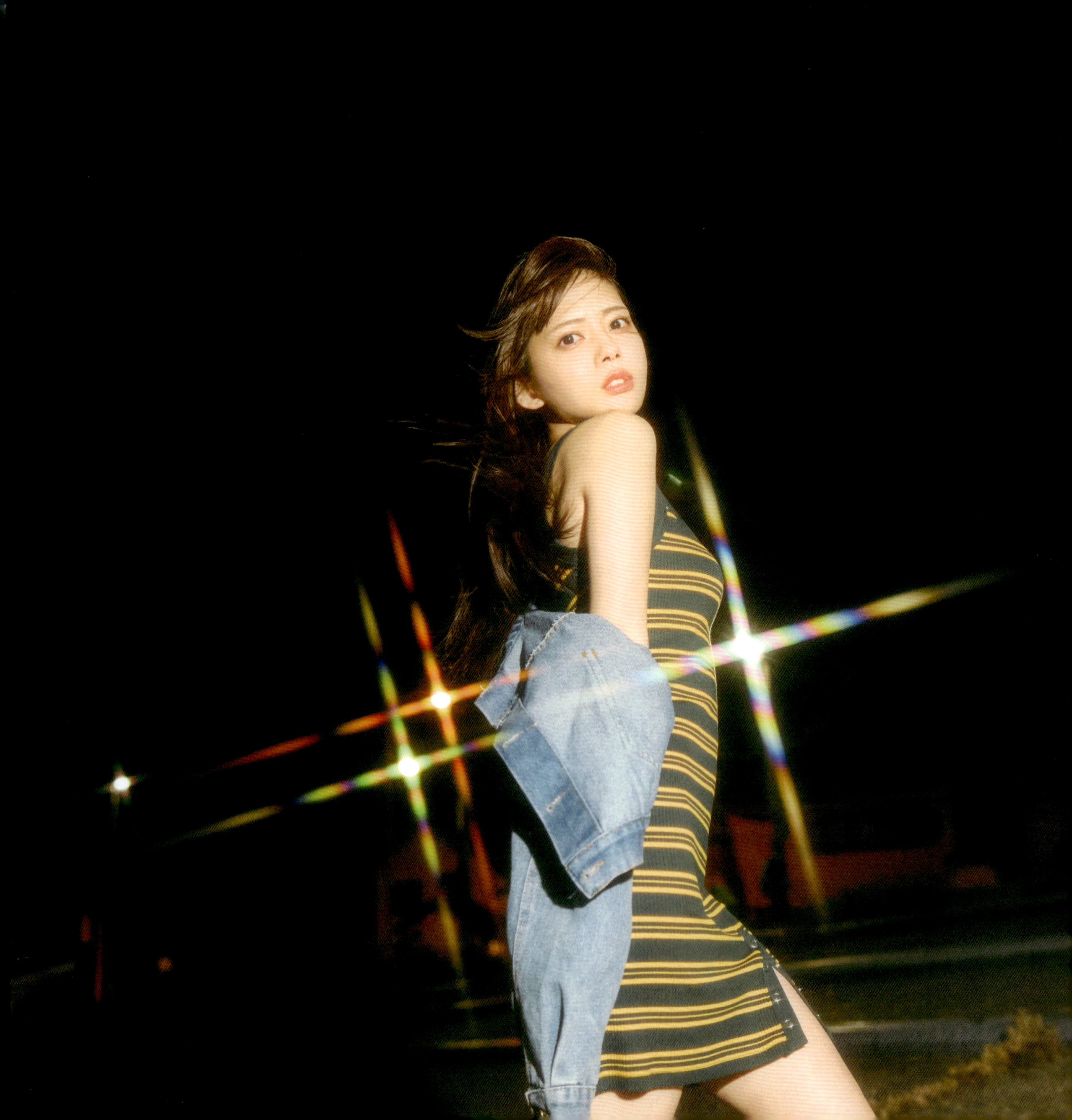

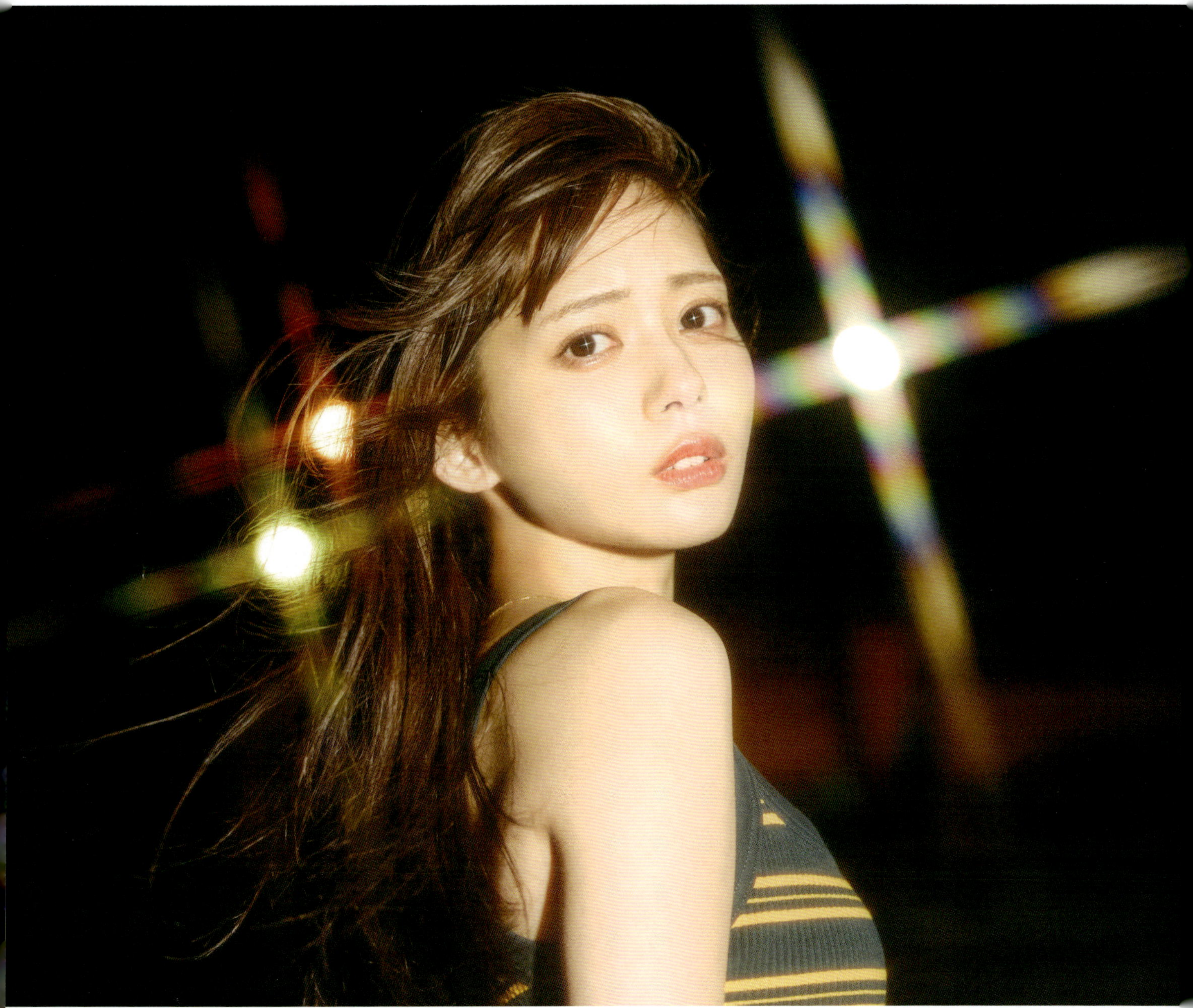

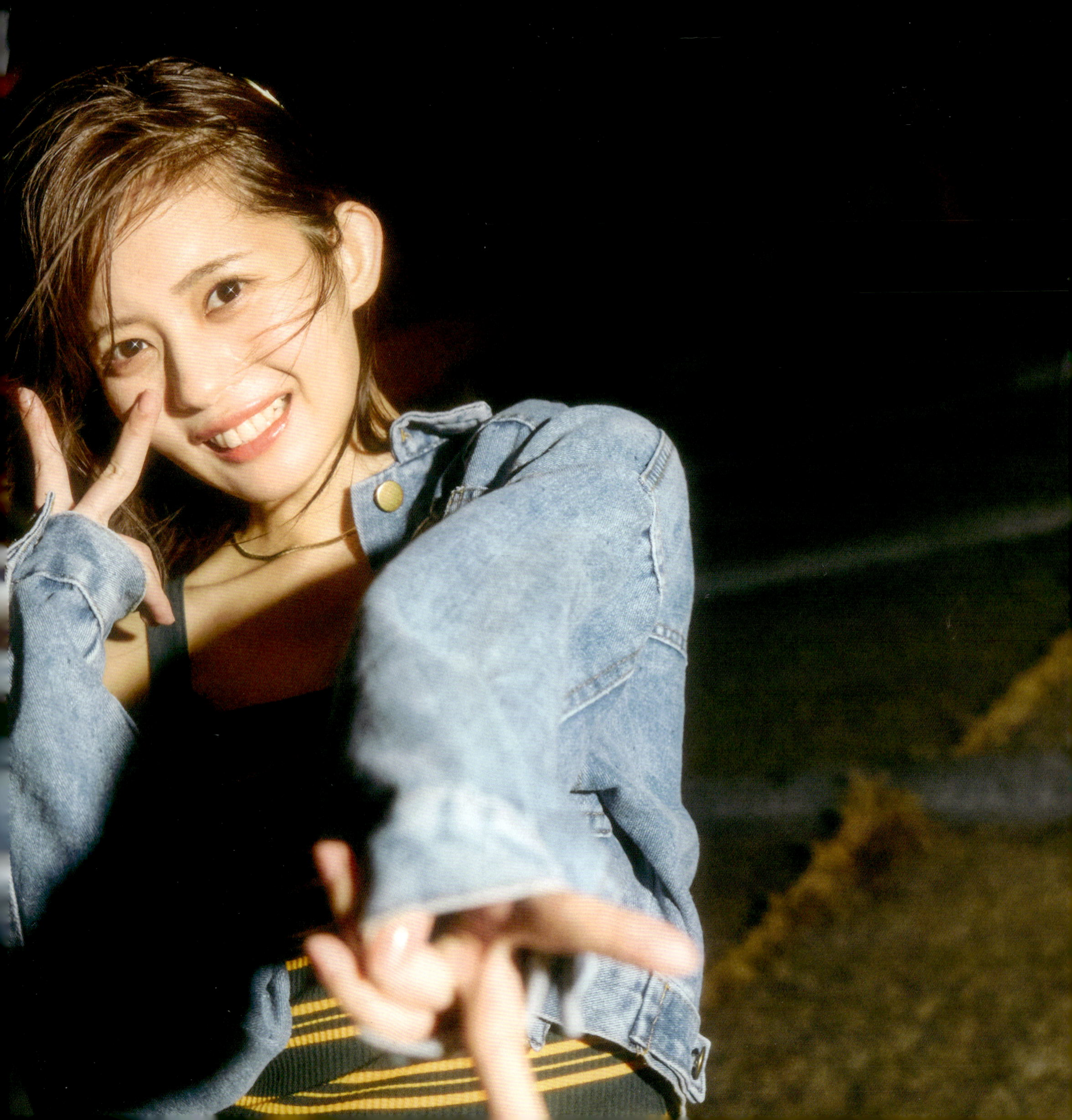